*Hoffnung ist nicht die Überzeugung,
dass etwas gut ausgeht, sondern die Gewissheit,
dass etwas Sinn hat, egal wie es ausgeht.*
Anonym

Mein Dank

Heidi, Chantal, Jan und Kay, Belinda, Thomi, Dani,
Kurt, Cordi und allen, die mir beigestanden sind.

Janine

VERLAG
Textwerkstatt

GESTALTUNG
Druckerei Ebikon AG

UMSCHLAG
Druckerei Ebikon AG

LEKTORAT
Sam Bieri, korrektiv@bluewin.ch

KORREKTORAT
Sam Bieri

DRUCK/HERSTELLUNG
Druckerei Ebikon AG

PAPIER
LuxoSamtoffset mit freundlicher Unterstützung der Sihl+Eika Papier AG

1. Auflage 2006
ISBN-10: 3-9523115-1-0
ISBN-13: 978-3-9523115-1-6

Alle Rechte, insbesondere das Recht der Vervielfältigung und Verbreitung sowie der Übersetzung, vorbehalten. Kein Teil des Werkes darf in irgendeiner Form (durch Fotokopie, Mikrofilm oder ein anderes Verfahren) ohne schriftliche Genehmigung des Herausgebers reproduziert oder unter Verwendung elektronischer Systeme gespeichert, verarbeitet, vervielfältigt oder verbreitet werden.

Burn-out und ADHS – Ich will frei sein
© Verlag Textwerkstatt, Olten
www.verlag-textwerkstatt.ch

Burn-out und ADHS

Ich will frei sein

Janine F.
Terry Rotherham

Charly Werder und Markus Zollinger (Fotos)

Verlag Textwerkstatt

DONATOREN

Die Herausgabe dieses Buches haben unterstützt:

CSS Versicherung

Hans Hassler AG, Cham

Immobilien House, Niederlenz

Janine

Mai 2006

INHALTSVERZEICHNIS

PROLOG
Janine: Ich lebe, das ist wichtig 8

EINLEITUNG
Terry Rotherham: Vom Zappelphilipp zum Choleriker 14

1. KAPITEL
Am Tag, als alles anders wurde 24

2. KAPITEL
Rückblende: Vor sieben Jahren 32

3. KAPITEL
Die letzten Tage davor 55

4. KAPITEL
Diagnose ADHS 92

5. KAPITEL
Der Heiler 128

6. KAPITEL
Fragen und Verstehen 142

EPILOG
Das Glück kehrt zurück 149

Buchtipps und Links 150

PROLOG

Janine

Krankheiten sind nie schön, aber offensichtlich brachten sie mich auch weiter. Sonst wäre ich nicht da, wo ich heute bin.

Ich lebe, das ist wichtig

Ich bin allein erziehende Mutter der sechsjährigen Chantal und der fünfjährigen Zwillingsbuben Jan und Kay. Ich wohne in der Nähe von Luzern. Mit 37 Jahren fange ich das Leben neu an. Nichts ist mehr, wie es war. Ich habe das Leben angenommen, wie es ist.

Mein ganzes Leben hatte ich unter einer Aufmerksamkeitsdefizit-Hyperaktivitätsstörung (ADHS) gelitten, die man aber viel zu spät erkannte. Ich hatte erfolgreich Strategien entwickelt, damit umzugehen.

Doch jetzt hatte ich nichts mehr unter Kontrolle. Ich wollte nur noch frei sein. Frei von den vielen Ängsten, Krankheiten und Problemen, die sich während der letzten sieben Jahren in mein Leben geschlichen hatten. Heute bin ich wieder fähig, mein Leben selber zu steuern. Es war ein schwieriger, langer Weg und erforderte viel Geduld. Ich lebe, und das ist wichtig.

Hätte ich damals schon gewusst, was ich heute weiss, vieles wäre einfacher gewesen. Hätte ich mein Schicksal ändern können, wenn ich das alles schon gewusst hätte? Vielleicht. Vielleicht auch nicht.

Krankheiten sind nie schön, aber offensichtlich brachten sie mich auch weiter. Sonst wäre ich nicht da, wo ich heute bin. Dank meinen drei Kindern wollte ich weiterleben. Heute sehe ich in drei lachende Kindergesichter und bin glücklich. Burn-out ist nicht die Endstation. Mit ADHS kann man umgehen lernen. Ich war stark. Ich bin stark.

Die Syndrome Burn-out und ADHS haben mich bewogen, über den Sinn des Lebens nachzudenken. Und das war gut so.

Ich schrieb dieses Buch für mich, meine Bekannten, für Betroffene, Ärzte, Psychologen, Psychosomatiker, Heiler, Therapeuten, Eltern mit ADHS-Kindern, allein erziehende Mütter, Angehörige von Betroffenen, ihre Arbeitgeber, die Mitarbeiter von Hilfswerken, Sozialämtern, Krankenkassen, IV-Stellen, Kliniken; einfach für alle. Alle, die sich mit den Problemkreisen Nervenzusammenbruch, Sucht, Depressionen, Suizidgedanken, Restless-Legs-Syndrom, Burn-out, ADHS, und weiteren Tabuthemen beschäftigen.

Wie das Buch entstand

Schreiben ist mein Ventil. Schreiben beruhigt mich. Ich kann mich schriftlich oft besser ausdrücken als beim Erzählen, vor allem in Dingen, die tief in mir sitzen. Ich schreibe dann, wenn ich nicht reden kann und ich mich dennoch mitteilen möchte.

Im Oktober, während meiner Bronchitis, packte es mich und ich schrieb während dreier aufeinander folgender Abende dieses Manuskript.

Es war wie eine Befreiung. Eine Verarbeitung meiner Schmerzen. Erzählen zu dürfen, ohne dass jemand zuhören muss.

Ein weiterer Grund für dieses Skript waren auch die mir nahe stehenden Menschen, denen ich monatelang aus dem Weg gegangen war, ohne erklären zu können, was mit mir los war. Ich hörte oft durch andere, dass meine Leute sich fragten, was mit mir los ist, weshalb ich mich nie melde.

Ich wollte nicht nach dieser langen Krankheit wieder ins soziale Leben treten und Stunden damit verbringen müssen, die gleiche Geschichte wieder und wieder zu erzählen. Ich will das Burn-out-Syndrom hinter mir lassen und endlich anfangen zu leben. Ich möchte mich nicht mehr mit der Vergangenheit befassen. Meine Leute hätten den Text lesen dürfen.

Ich gab meinen Bericht vorerst einem guten Freund und wollte wissen, was er davon hält. «Ich finde es toll. Ich kann nun viel besser verstehen, wie es dir ergangen ist und was Burn-out und ADHS bedeuten. Was hältst du davon, dieses Manuskript zu veröffentlichen?», meinte er. An die Öffentlichkeit damit? Meine Gefühle, Gedanken und Schwächen einfach so preisgeben? Ich wusste nicht so recht.

Das Buch *Burn-out – In den Krallen des Raubvogels* von Thomas Knapp machte mir jedoch Mut.

Dazu kam, dass gerade während meiner Burn-out-Zeit Rolf Schweiger, der FDP-Politiker, ebenfalls ein Burn-out-Syndrom erlitt und darüber öffentlich berichtet wurde. Durch sein Bekenntnis wurde auch mein Arbeitgeber über dieses Syndrom informiert und hatte wahrscheinlich deshalb so viel Verständnis für meine Situation.

Ich denke, wir können ein Problem nur lösen, wenn wir darüber offen reden. Burn-out und ADHS sollten keine Tabuthemen sein.

Ich kann mir nur helfen, wenn ich erreiche, dass wenigstens mein Umfeld diese Dinge verstehen lernt. Also entschied ich mich für die Herausgabe. Und so nahmen die Dinge ihren Lauf. Ich kann lange nicht von allen Schick-

> **Meine Gefühle, Gedanken und Schwächen einfach so preisgeben? Ich wusste nicht so recht.**

salsschlägen und Verletzungen der letzten sieben Jahre berichten. Einerseits weil ich manche Personen schützen will, andererseits weil die Rückblende so zu viel Raum einnehmen würde.

Ich möchte mit meinem Bericht Hoffnung machen und etwas zur Akzeptanz dieser Krankheiten und zum Wissen über sie beitragen. Mir hätte es auf jeden Fall geholfen, wenn mir ein Buch wie dieses begegnet wäre – denn ich hätte erkannt, dass ich nicht allein bin.

Wichtig: Ich bin keine Ärztin. Ich kann nur beschreiben, was ich empfunden und erlebt habe.

EINLEITUNG

Terry Rotherham

Da ADHS-Betroffene besonders «hochtourig» laufen und dadurch ihr Motor schneller ausbrennt, darf es nicht verwundern, wenn das Burn-out vorprogrammiert ist.

Vom Zappelphilipp zum Choleriker
Definition, charakteristische Merkmale und Ursachen einer Aufmerksamkeitsdefizitstörung (ADS)

Janine lernte ich im August 2005 kennen. Ich begegnete einer hübschen, lebhaften Frau mit einer intensiven Ausstrahlung, die mich wegen einer ADS-Abklärung konsultierte. Sie hatte bereits viel darüber gelesen und war gut informiert. Sie war sich ziemlich sicher, eine ADS zu haben. Die sorgfältige Abklärung der Lebens- und Entwicklungsgeschichte und die Verwendung strukturierter störungsspezifischer Fragebogen bestätigten die vermutete Diagnose. Obwohl sich danach eine grosse Trauer, aber auch Wut und Verzweiflung einstellten, verhalf ihr die gründliche Einsicht in das Wesen der Störung, zu erkennen, wo sie negativ in ihr eigenes Leben eingreift und was sie dagegen tun kann. Janine entschied sich, einen Versuch mit dem Medikament Ritalin zu starten. Innert weniger Wochen, nachdem das Medikament richtig eingestellt war, verbesserten sich die Konzentrationsfähigkeit und die Stressresistenz.

Im vorliegenden Buch schreibt sie sich die Frustrationen der letzten Jahre von der Seele und befreit sich so von der Last der schmerzlichen Erinnerungen. Janine bat mich, die Diagnose ADS im Erwachsenenalter aus fachlicher Sicht in einem Vorwort genauer zu erörtern. Diesem Anliegen komme ich sehr gern nach, nicht nur als Fachperson, sondern auch als Mitglied einer ADS-betroffenen Familie.

Unter der Diagnose ADS (Aufmerksamkeitsdefizitstörung, mit oder ohne Hyperaktivität [ADHS]), in der Schweiz auch POS (Psycho-Organisches Syndrom) genannt, versteht man charakteristische Muster von Verhaltensauffälligkeiten, die in folgende Kernsymptome aufgeteilt werden:

Aufmerksamkeitsdefizit	Hyperaktivität	Impulsivität

Da die Hyperaktivität bei Erwachsenen nicht immer vorhanden sein muss, spricht man im deutschen Sprachraum abgekürzt auch von ADS.

Zur Aufmerksamkeitsstörung gehören Konzentrationsprobleme, Vergesslichkeit, Flüchtigkeitsfehler, eine stark verminderte Dauer der Aufmerksamkeitsspanne und eine deutlich ausgeprägte Ablenkbarkeit. Meist besteht eine grosse Schwierigkeit, sich zu orientieren, Anleitungen zu verstehen, die Zeit zu planen, Aufgaben anzupacken, Arbeiten zu Ende zu bringen und einen geordneten Alltag zu gestalten.

Konzentration und Leistungsfähigkeit sind ausgesprochen vom Interesse abhängig, das heisst, je interessanter Betroffene etwas finden, desto länger können sie sich konzentrieren. Bei Menschen mit ADS ist die Daueraufmerksamkeit verkürzt. Dies wird dann deutlich, wenn eine Situation reizarm, monoton und wenig lustbetont ist, beispielsweise bei Routinearbeiten oder uninteressanten Tätigkeiten. Hingegen ermöglicht alles, was neu und interessant ist, eine völlig unauffällige oder sogar überdurchschnittliche Aufmerksamkeit. Eigentlich ist der derzeit verwendete Begriff «Aufmerksamkeitsdefizit» eine unzutreffende Bezeichnung. Vielmehr sind die Betroffenen meist nicht unaufmerksam, sondern folgen mehreren inneren und äusseren Wahrnehmungen und Gedanken gleichzeitig und können sich dadurch nicht auf den in der Situation erforderlichen einzelnen und wichtigen Reiz konzentrieren und Ablenkungen ausblenden. So kann es zu erheblichen Beeinträchtigungen im Alltag und am Arbeitsplatz kommen. Erwachsene Betroffene haben Probleme bei langen Sitzungen, Vorlesungen und an der Arbeitsstelle. Sie können ihre Arbeit nicht organisieren, planen oder strukturieren und haben Mühe, dem roten Faden zu folgen. Ihre Arbeitsleistung ist zum Teil inkonsistent, sie erledigen Dinge unvollständig und machen viele Flüchtigkeitsfehler. Sie wirken oft geistesabwesend oder hektisch, springen im Gespräch häufig von einem Thema zum anderen und haben erhebliche Mühe, selbstständig etwas in Angriff zu nehmen und es zu Ende zu führen.

Sie ecken oft an

Die Hyperaktivität zeichnet sich aus durch motorische Unruhe, die bei manchen Betroffenen sichtbar ist und bei andern nicht, Nervosität, allgemeine Ruhelosigkeit, Schwatzhaftigkeit, die Unfähigkeit, sich zu entspannen. Die Hyperaktivität beziehungsweise die motorische Unruhe im Kindesalter verschwindet häufig nicht im

Erwachsenenalter, es verändern sich bloss die Symptome. Aus den Zappelphilippen, die in der Schule über Tische und Bänke gesprungen sind, werden zerstreute Professoren, Extremsportler oder Choleriker. Von der motorischen Unruhe zeugen oft nur noch ein Fusswippen, ein Beinzittern, Fingertrommeln, Spielen mit Stiften, Nesteln am Bart oder in den Haaren oder ein Hang zu Extrem-sportarten. Bis ins Erwachsenenalter bestehend bleibt meist eine undeutliche bis unleserliche Handschrift, die vor allem beim Schnellschreiben deutlich schlechter wird. Das Unvermögen, still zu sitzen, kommt nur in einer Abneigung gegen lange Kinobesuche, Konzerte oder Langstreckenflüge zum Ausdruck. ADS-Veranlagte sind nicht in der Lage, sich zu entspannen, und eine als innere Unruhe beschriebene Empfindung bleibt häufig erhalten. Langeweile erzeugt oft kompensatorische Flucht in Aktivitäten oder Arbeit. Sie können einen starken Rededrang haben und schwer zu unterbrechen sein. Mit ihrem rastlosen und nervösem Verhalten ecken sie oft an.

Die Impulsivität äussert sich in Schwierigkeiten mit der Selbstkontrolle, häufigem Dreinreden, Antworten, bevor die Frage des Gegenübers zu Ende ist, emotionalen Ausbrüchen, Ungeduld und einer niedrigen Frustrationstoleranz. Die Fähigkeit, etwas zu planen oder eine Handlung im Voraus abzuwägen, ist deutlich vermindert, und es besteht eine Tendenz zur Sprunghaftigkeit. Eine Neigung zu masslosem und suchtartigem Verhalten kann damit einhergehen.

Sie stossen auf Ablehnung

Mit ihrer impulsiven, ungeduldigen und zuweilen rasch aufbrausenden Art stossen ADS-Betroffene in ihrem Umfeld auf Ablehnung. Sie haben Mühe, ihre Impulse unter Kontrolle zu halten, und können schnell die Beherrschung verlieren. Die Impulsivität zeigt sich durch schnelles Reden, aber auch durch risikoreiches Verhalten im Strassenverkehr und eine hohe Unfallneigung. Auch spontane Handlungen wie plötzliche Kündigungen, rasche Trennungen, Scheidungen und wechselnde Partnerschaften sind typisch.

Da über die Folgen des Verhaltens nicht nachgedacht wird, kommt es oft zu verbalen Entgleisungen, zynischen Bemerkungen und verbalen Provokationen, die zu Konflikten mit Mitmenschen führen. Die Impulsivität ist auch im gefühlsmässigen Bereich zu finden. ADS-Veranlagte sind schnell frustriert, rufen dazwischen, werden rasch wütend, und ihre Stimmung wechselt von einer Sekunde zur nächsten. In Situationen, in denen eine grössere Anpassungsleistung erforderlich ist und die Fähigkeit, sich einzuordnen, verlangt wird, haben sie oft grosse Mühe. Nicht unerwähnt bleiben soll der impulsive Kaufrausch bis hin zur Kleptomanie sowie der Kontrollverlust beim Essen.

Häufig bestehen zusätzliche Störungen wie Koordinationsschwierigkeiten, Stimmungsschwankungen, Reizintoleranz und hohe Irritierbarkeit, Schwierigkeiten mit dem Zeitgefühl und der Wahrnehmung. Dazu kommt eine verminderte Stresstoleranz, das heisst, schon geringe Anlässe führen zum Gefühl des Überfordertseins, des Es-nicht-mehr-schaffen-Könnens, der vermehrten Reizbarkeit. Erschwerend dazu kommen noch hohe Reizoffenheit, Sensibilität und Sensitivität, die je nach Aussenreizen zu massiven emotionalen Reaktionen führen können, denn es prasseln unzählige Empfindungen auf die Betroffenen ein, weil ihr Gehirn die Sinneseindrücke nicht filtern, Wichtiges nicht von Unwichtigem unterscheiden kann. Mit diesem Gefühl der Reizüberflutung haben Betroffene ebenfalls zu kämpfen.

Ausgeprägte Stimmungswechsel

Menschen mit ADS erleben schon bei kleinen Auslösern rasche und ausgeprägte Stimmungswechsel. Die Stimmung kann während eines einzigen Tages mehrmals umschlagen. Diese Schwankungen können Stunden bis maximal einige Tage dauern. Die niedergeschlagene Stimmungslage wird häufig als Unzufriedenheit oder Langeweile beschrieben. Menschen mit ADS haben oft das Gefühl, anders zu sein als die anderen und nicht dazuzugehören. Sie fühlen sich schnell in der Aussenseiterrolle. Sie haben einen ausgesprochenen Gerechtigkeitssinn, der sie sehr verletzlich macht, ausserdem eine hohe Kritikempfindlichkeit und Empfindsamkeit.

Oft treten andere psychische Probleme wie Depressionen, Angst- und Zwangsstörungen, Essstörungen, oppositionelle Verhaltensstörungen, Störungen des Sozialverhaltens, Lernstörungen, Suchtverhalten und so weiter zusammen mit einer ADS auf, was eine Diagnose erschweren oder zu Fehldiagnosen führen kann. Diese zusätzlichen Erkrankungen sind häufig Folge- oder Sekundärprobleme einer dahinter liegenden ursächlichen ADS, die leider oft nicht als solche erkannt und behandelt wird. Da ADS-Betroffene infolge all der erwähnten Beeinträchtigungen besonders «hochtourig» laufen und dadurch ihr Motor schneller ausbrennt, darf es nicht verwundern, wenn Erschöpfungsdepression und Burn-out vorprogrammiert sind.

Weil Menschen mit ADS in vielen wichtigen Bereichen wie Schule, Ausbildung, Beruf, in der Familie, mit den Eltern, den Partnern und Vorgesetzten, bei Freunden und Arbeitskollegen versagen, erhalten sie überwiegend negative Rückmeldungen. Das beeinträchtigt das Selbstwertgefühl negativ, denn die Selbstwerteinschätzung ist davon abhängig, wie andere Menschen auf uns reagieren. Folge der ausbleibenden positiven Reaktionen und der ständigen Frustrationen sind schliesslich Wut und Trauer.

Viele positive Eigenschaften

Das Ziel jeder ADS-Therapie besteht deshalb vor allem darin, das vorhandene individuelle Potenzial besser auszuschöpfen, Anregung zum Selbstmanagement zu geben, die oft mangelnden sozialen Kompetenzen aufzubauen und das Selbstwertgefühl zu verbessern. So können die Folgeprobleme der ADS wie mangelndes Selbstwertgefühl, Depressionen, Essstörungen, Angst- und Zwangsstörungen in der Therapie bearbeitet und verändert werden.

Wer eine ADS-Veranlagung hat, ist von Geburt an betroffen. Sie ist erblich bedingt und keine gutartige Kinderkrankheit, die sich in der Pubertät auswächst. Man geht heute davon aus, dass eine ADS durch neurochemische Veränderungen im Gehirn verursacht wird. Die Übertragung von Impulsen zwischen den einzelnen Nervenfasern erfolgt mittels diverser chemischer Substanzen, der so genannten Botenstoffe (Neurotransmitter). Bei einer ADS besteht ein Mangel an Botenstoffen, vor allem an Dopamin und Noradrenalin, was zu einer verminderten Aktivität der betroffenen Hirnregionen führt. In der Bevölkerung sind etwa 4 Prozent der Erwachsenen tangiert, je nach Studie zeigen schätzungsweise 50 bis 60 Prozente aller Betroffenen auch im Erwachsenenalter Symptome, die ihre Lebensführung beeinträchtigen. Noch immer wird die Diagnose ADS zu selten gestellt und werden Betroffene ungenügend behandelt. Erfahrungsgemäss kann auch bei spät erfassten ADS-Betroffenen die Lebensqualität durch eine entsprechende Diagnostik und Therapie erheblich verbessert werden.

ADS-Betroffene haben aber auch eine Menge positiver Eigenschaften. Dazu gehören spontane Hilfsbereitschaft und Fürsorglichkeit, Neugierde, eine besondere Tier- und

Naturliebe, ein ausgesprochener Gerechtigkeitssinn, oft ein ganz spezieller Charme, die Fähigkeit, verzeihen zu können und nicht nachtragend zu sein, «Stehaufmännchen»-Eigenschaften, die Begabung, einen schnellen Überblick zu haben und blitzschnell reagieren zu können, Kreativität, Fantasie und Risikobereitschaft. Alle diese Merkmale besitzt Janine im Übermass. Ihre Energie und das Talent, immer wieder auf die Füsse zu kommen, verleihen ihr eine unglaubliche Vitalität, die in ihrer «depressiven» Färbung dafür ebenso ausgeprägt daherkommt. Nicht zuletzt diesem unermüdlichen Lebenswillen hat Janine es zu verdanken, dass sie wieder auf die Beine kam, und es erstaunt nicht, dass sie die dadurch wieder gewonnene Energie fokussiert in dieses Buch steckte. Wenn sich dadurch ADS-Betroffene besser erkennen und wieder neuen Mut für den nächsten Schritt finden, hätte Janines Buch seinen Zweck erfüllt.

Terry Rotherham (1951) ist Fachpsychologin für klinische Psychologie und Psychotherapie. Nach langjähriger Tätigkeit in psychiatrischen Institutionen arbeitet sie in Zug in einer psychotherapeutischen Praxisgemeinschaft. Ihre Arbeitsschwer-  punkte sind Traumatherapie und ADS im Erwachsenenalter. Mit dem Veranlagungsbild ADS beschäftigt sie sich seit über 15 Jahren intensiv, und sie hält auch Fachvorträge und Weiterbildungen zu diesem Thema.

1. KAPITEL

Die Geschichte von Janine

Nicht einmal die Ungewissheit über meine Zukunft und die der Kinder, um die meine Gedanken sonst dauernd kreisten, war mehr da. Ich befand mich in einem Zustand, der dem Tod sehr nahe sein musste.

Am Tag, als alles anders wurde

Es war dieser Dienstagmorgen im November. Der Wecker klingelte wie immer, und ich sollte zur Arbeit. Aber ich konnte nicht mehr aufstehen. Ich fühlte mich total krank.

Kopfschmerzen, Ohrenschmerzen, Schnupfen, Husten, gereizte Augen, Lichtempfindlichkeit, Schwindelanfälle, nervöse Beine («Restless-Legs»), Übelkeit, Schlafprobleme, bei Aufregung Appetitlosigkeit, ansonsten Heisshunger, konnte nicht mehr abschalten, war oft aggressiv, gereizt, wütend. Zugegeben, diese Symptome hatte ich schon länger. Doch das war für mich kein Grund, nicht zur Arbeit zu erscheinen. Gut oder schlecht. So war es eben.

Doch diesmal funktionierte das Ignorieren der Symptome nicht. Da war keine Kraft mehr, aufzustehen. Die Batterie war vollkommen leer. Ich konnte mein damals «ferngesteuertes Triebwerk» nicht mehr anlassen. Tot. Ich wollte es nicht glauben. Im Kopf hämmerte es so stark, dass ich glaubte, demnächst würde er explodieren. Ich sagte mir: «Okay, ich habe eine Grippe. Nun muss ich zum Telefon und es meinem Arbeitgeber mitteilen.»

Als ich aufstand, konnte ich das Gleichgewicht nicht halten. Ich öffnete die Schlafzimmertür und hielt sogleich die Hand vor die Augen. Sie schmerzten so heftig, dass ich sie gar nicht mehr aufmachen wollte. Ich fühlte mich leer, kraftlos und irrte «blind» durch den Tag. Meine damals vierjährigen Zwillingsbuben waren den ganzen Tag zu Hause, da sie noch nicht in den Kindergarten gingen. Sie spielten zwar im unteren Stock, doch schon das geringste Geräusch schmerzte unendlich in meinen Ohren. So stopfte ich Ohrenstöpsel hinein, um für wenige Minuten schlafen zu können.

Die Kinder waren lebhaft, fragten viel, erzählten viel, stritten, lachten, rauften, tollten herum. Wie Kinder in diesem Alter nun einmal sind. Ich ertrug sie aber nicht mehr. Ich hatte keine Nerven mehr. Ich wusste nicht, wie ich mich in diesem Zustand jetzt auch noch um meine Kinder kümmern sollte.

Mir ging es hundeelend.

Dem Tod in die Augen geschaut

Meine Mutter half mir die ersten Tage. Allein hätte ich gar nichts mehr machen können. Ich hatte enorme Sehschwierigkeiten. Alle Bilder waren so abgehackt. Ich erkannte beim Herumschauen die Bilder immer erst verzögert. So etwas hatte ich erst im Film gesehen. Dort kann man das machen. Zeitlupe, Schnellgang, abgehackt, schwarzweiss und was auch immer. Aber ich konnte mir bis zu diesem Zeitpunkt unmöglich vorstellen, dass unser Sehvermögen, wenn es angeschlagen ist, das auch kann. Ich konnte nicht glauben, wie ich meine Umwelt auf einmal so ganz anders wahrnahm. Es ist schwierig zu beschreiben. Fast unmöglich. Ich schaute von links nach rechts. Die Lampe, die links von mir stand, sah ich erst, als ich den Kopf bereits nach ganz rechts gedreht hatte. Irgendwie auch faszinierend. Aber es tat unheimlich weh, Licht in meine Pupillen zu lassen, und es machte mir eine Höllenangst.

Das Gleiche hatte ich mit dem Gehör. Ich hörte auf einmal alles viel lauter. Und einige Geräusche wurden so fast unerträglich. Ich weiss jetzt, wie sich Leute fühlen, die einen Gehörsturz erleben. Aber Sie haben vielleicht auch schon die Erfahrung gemacht, dass irgendein hoher, kreischender Klang fast nicht zum Aushalten ist. Wie das schrille Heulen eines Mikrofons mit Rückkoppelung auf einer Bühne. Unerträglich. Nur waren nun alle Geräusche für mich unerträglich.

So lag ich einige Tage nur da, fühlte nichts mehr, nicht mal meinen Körper. Konnte nicht mal mehr denken! Alles war tot. Da sah ich einen Lichtstrahl durch mein verdunkeltes Dachfenster auf mein Bett scheinen, und ich wünschte mir nur noch, für immer einzuschlafen.

Einsam und verlassen

Mir wurde bewusst, dass eine Grippe nicht der Grund für diesen Zustand sein konnte. So raffte ich mich am dritten Tag auf und ging zum Arzt. Er schrieb mich für zwei Wochen krank. Ich konnte nicht arbeiten. Das ging ja noch. Aber die Kinder? Bei denen konnte ich mich ja nicht krankmelden. Mein Mann war weg, seit sieben Monaten

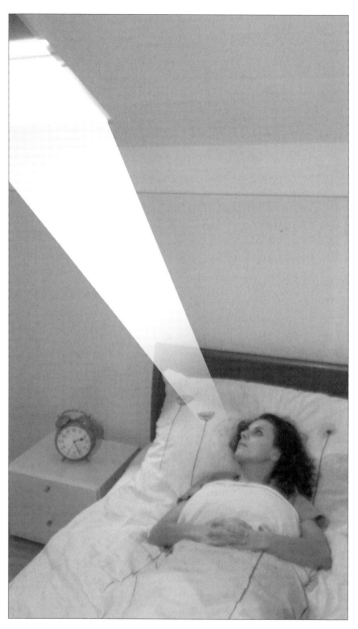

Als ich erschöpft auf meinem Bett lag und einen Lichtstrahl durch das Dachfenster scheinen sah, wünschte ich mir, für immer einzuschlafen.

ausgezogen. Ich war auf mich allein gestellt. Ich hatte panische Angst vor der Zukunft. Ich war allein. Obwohl ich die Trennung von meinem Mann akzeptierte, erkannte ich auf einmal das Ausmass. Ich war allein erziehend. Eine Mutter von drei Kindern. Zwei davon haben eine Behinderung. Und ich funktionierte nicht mehr. Nur, wer hätte mir in diesem Moment helfen können? Auch die gut gemeinten Ratschläge meiner Mitmenschen brachten mich in dieser Situation nicht weiter. Weil ich selber auch nicht wusste, was mir eigentlich fehlte.

Ich war in einem Stadium angelangt, wo ich keine Gefühle mehr empfinden konnte. Kein Glück, keine Trauer. Einfach nichts. Mein Körper schien mir nicht mehr zu gehorchen. Ich konnte keine klaren Gedanken fassen. Ich konnte nicht einmal mehr lesen. Stellen Sie sich vor, Sie sind Manager mit viel Verantwortung und können plötzlich nicht mehr lesen. Und Sie haben keine Ahnung, wie lange dieser Zustand andauern wird. Ich war der Verzweiflung nahe.

Alle meine Sinne funktionierten anders oder gar nicht mehr. Sehen, Hören, Fühlen, Schmecken und Riechen. Ich konnte nicht mehr sprechen. Denn ich hatte gar nichts mehr zu sagen. Ich war sprachlos.

Auch konnte ich zeitweise meinen Körper nicht bewegen. Es ergab alles keinen Sinn. Und ich verstand nichts mehr. Was ist das? Nicht einmal die Ungewissheit über meine Zukunft und die der Kinder, um die meine

Gedanken sonst dauernd kreisten, war mehr da. Ich befand mich in einem Zustand, der dem Tod sehr nahe sein musste. Ich empfand totale Leere. Ich war ein völlig anderer Mensch als noch vor Monaten.

Mein Zustand besserte sich auch nach drei Wochen nicht. Tatsache war, dass ich mich nicht erholen konnte. Ich fand keine Ruhe. Die Kinder hielten mich auf Trab. Zusammen mit meinem Arzt entschied ich mich zu einem Aufenthalt in der Luzerner Höhenklinik in Montana (Wallis), einer Rehabilitationsklinik. Die Aussicht auf Erholung war für mich verlockend. Ich beschloss also, mich nicht dagegen zu wehren. Aber es war keine einfache Entscheidung. Denn wie sollte ich mit all meinen Aufgaben und Verantwortungen für drei Wochen entbehrlich sein? Es war mir bewusst, dass ich nach sechs Jahren totalem Einsatz eine Auszeit brauchte. Dies war dann auch der Grund, weshalb ich jetzt für einmal nur für mich schaute. Und für einmal die Rolle als Mutter vernachlässigte. Mir zuliebe, und auch meinen Kindern zuliebe.

Ich bin erschöpft und ratlos

Unter einer Depression konnte ich mir nur wenig vorstellen. Das Wort verband ich einfach mit einem schrecklichen Bild. Ich hätte nie gedacht, dass gerade ich, so positiv, wie ich immer war, einmal in eine Depression fallen könnte. Ein Ding der Unmöglichkeit. Der Ausdruck «Burn-out» für meine Krankheit gefiel mir von Anfang an am besten. Denn er beschrieb das, was ich empfand: das Gefühl, ausgebrannt zu sein. Aber ein Burn-out ist halt doch eine Depression – eine Erschöpfungsdepression. Ob mir nun das Wort «Depression» gefällt oder nicht.

Erst, als ich meine Geschichte «auspacken» musste, wurde mir klar, dass diese Erschöpfungsdepression ihre klaren Ursachen hatte, dass sie «berechtigt» war.

Ich war in einem Stadium angelangt, wo ich keine Gefühle mehr empfinden konnte.

2. KAPITEL

Rückblende: Vor sieben Jahren

Den ganzen Januar verweilte ich auf einer Reise in Indien und meine Welt war noch vollkommen in Ordnung. Ich war gesund, hatte einen hervorragenden Job, genügend Geld und vor allem: Ich war verliebt.

Im Februar wurde ich schwanger.

Im August feierte ich meinen dreissigsten Geburtstag.

Im September heiratete ich.

Mitte November beendete ich mein Projekt bei der Arbeit. Ich arbeitete damals in der Marketingleitung eines Grosshandelsbetriebs.

Eine Woche vor der Geburt zogen wir noch in eine Eigentumswohnung in der Nähe von Luzern um.

Ende November kam dann unsere Tochter Chantal zur Welt. Ein unglaubliches Erlebnis.

Obwohl die Geburt, die mit einem Notfall-Kaiserschnitt endete, eher ein Schreckenserlebnis war. Als mein Muttermund bereits sieben Zentimeter offen war, verlor ich das Fruchtwasser. Da die Flüssigkeit grünlich war, wusste die Hebamme sofort, dass etwas nicht stimmte. Die

Herztöne des Babys wurden abgehört, sie wurden immer schwächer.

Und auf einmal rannten der Arzt und die Hebamme aus dem Gebärzimmer. Ich lag da in meinen schmerzenden Wehen und schaute meinen Mann fragend an. Auch er wusste nicht, was jetzt passieren würde. Ich hatte furchtbare Angst und hätte am liebsten geschrien, dass man uns endlich erklären solle, was da los sei! Doch keiner war mehr da. Es lief alles wie in einem Film ab. Ich wurde nach einer Anästhesie in den Operationssaal gebracht. Sofort wurde ich eingepackt, und der Arzt fing umgehend an, meinen Bauch aufzuschneiden. Ich war in Panik, dachte, die Anästhesie kann doch gar nicht so schnell wirken! Doch das tat sie. Ich spürte zwar jede Bewegung, als er das Kind unter meinem Brustkorb herausriss, jedoch keine Schmerzen.

Und auf einmal hörte ich den Schrei eines Kindes. Und ich fing an zu weinen. Die Schwester packte das Baby ein und fragte mich, ob ich denn nicht wissen wolle, ob es ein Bub oder ein Mädchen sei. Es war mir in diesem Moment gar nicht eingefallen zu fragen, wichtig war nur, dass das Kind lebte. Es war eine süsse kleine Tochter, die wir Chantal nannten.

Vor sechs Jahren

Bereits Anfang Februar fing ich wieder in einem 60-Prozent-Pensum zu arbeiten an.

Im März, als unser Mädchen vier Monate jung war, stellte der Kinderarzt fest, dass der Kopf schneller wuchs, als er sollte. Zudem hatte Chantal, wenn sie auf dem Rücken lag, diese «Bananenkrümmung», die auf ein neurologisches Problem hinwies. Wir mussten unser Kind röntgen lassen. Ein dunkler Fleck kam zum Vorschein. MRI-Bilder von ihrem Kopf sollten weiteren Aufschluss geben.

Meine Tochter und ich verbrachten diesen MRI-Tag in der Tagesklinik im Kinderspital. Im Zimmer lagen auch einige Kinder mit Leukämie, die die gleiche Prozedur über sich ergehen lassen mussten. Ich hatte keine Ahnung, was meiner Tochter fehlte, aber es war schrecklich, zu sehen, was die anderen durchlitten.

Nach den Aufnahmen wurde ich sofort ins Untersuchungszimmer gerufen. «Die Aufnahmen sind äusserst eindrucksvoll», hörte ich den Neurologen sagen. Ein Hohlraum mit Wasser oben (Wasserkopf) und ein grosser Hohlraum im Hinterkopf (Zyste) waren zu sehen. Dass der grösste Teil des Kleinhirnes fehlte, wurde ebenfalls festgestellt. Ich war total überfordert. Man konnte mir jedoch nicht genau sagen, was das bedeutet, und Abklärungen durch Neurologen in England wurden veranlasst.

Im Juni fand dann ein Neurologe vom Zürcher Kinderspital heraus, dass es sich um ein «Dandy-Walker-Syndrom» handelt. Was das war, wusste ich damals nicht. Die Erläuterungen des Arztes waren im ersten Moment schockierend: «Ja, sie kann sterben, aber sie hat auch eine kleine Chance, ohne sichtbare Behinderung alt zu werden.» Ich starrte den Arzt an. Für mich war sofort klar, dass auf Chantal das Zweite zutreffen musste. Etwas anderes würde ich als Mutter nicht zulassen.

Als wir danach das Kinderspital verliessen, brach ich weinend auf dem Trottoir zusammen. Erst die schwere Geburt und dann diese Ungewissheit; das machte mich fertig. Und ich wollte mein Mädchen auf keinen Fall verlieren. Mein Kind lebte, aber den Gedanken, Chantal könnte sterben, hielt ich nicht aus. Und dieser Gedanke begleitet mich seither jeden Tag. Es gibt für mich keine schlimmere Vorstellung, als dass ich eines meiner Kinder in die Hände Gottes geben müsste.

Ich habe Angst. Aber dafür lebe ich das Leben mit meinen Kindern viel intensiver. Nichts ist selbstverständlich. Und anderseits müssen ja alle Eltern mit gesunden Kindern ebenfalls täglich damit rechnen, dass ihr Kind verunfallen könnte. Und deswegen machen sie sich ja auch nicht dauernd Sorgen. Also versuchte ich, diese Gedanken zu verdrängen. Immerhin hat Chantal gute Chancen, dass sie nicht schon morgen oder übermorgen sterben muss. Und ich denke positiv, so wie es eigentlich meinem Charakter entspricht. Ich versuche, den Tod nicht nur in den dunkelsten Farben zu sehen. Das hat mir ein bisschen die Angst vor dem Sterben genommen.

Meine langsam einschlafende Tochter wurde im Spitalbett an mir vorbei zum Lift gerollt.

Da es in der Schweiz nur alle eineinhalb Jahre ein Kind mit Dandy-Walker-Syndrom gibt, sind die Unterlagen über diese Krankheit spärlich. Zum Glück gibt es das Internet und verstehe ich Englisch. So tauschte ich mich mit Familien aus den USA aus. Dort ist dieses Syndrom bekannter.

Im Juli wurde Chantal dann zum ersten Mal operiert. Wir mussten uns zwischen drei Operationsmöglichkeiten entscheiden. Wie hätten wir das nur entscheiden sollen? Wir waren doch keine Ärzte. Wir entschieden uns nach den vorliegenden Informationen für eine Ventrikulostomie (Eröffnung einer Hirnkammer) des dritten Ventrikels. Leider brachte diese erste Operation nicht den gewünschten Erfolg, und der Kopf wuchs weiterhin viel zu schnell.

Ich werde diesen Moment vor der ersten Operation nie vergessen. Ich sass allein auf einem Stuhl im Spitalgang. Meine langsam einschlafende Tochter wurde im Spitalbett an mir vorbei zum Lift gerollt. Ich verabschiedete mich von ihr, mit dem Bewusstsein, dass ihr demnächst eine Nadel durch das Gehirn gestossen würde. Wie wird es ausgehen? Welche Risiken gibt es? Wird sie wieder so sein wie vorher? Bringt es etwas? Kommt sie zurück? Diese Fragen quälten und verunsicherten mich. Ich zitterte, als sich die Lifttür schloss und der Arzt mit meiner Tochter in die Tiefe verschwand. Ich musste loslassen, auch wenn ich es in diesem Moment gar nicht wollte. Ich litt.

Im Oktober wurde ich dann wieder schwanger. Einen Monat später dann der trockene Kommentar des Frauenarztes: «Sie werden Zwillinge bekommen.» Mein Mann und ich waren sprachlos. Wir hatten beide weit und breit keine Zwillinge in der Familie! «Einmal ist es eben das erste Mal», sagte der Arzt.

In der ersten Adventswoche hatte ich auf einmal starke Blutungen. Es schmerzt noch heute, wenn ich daran denke. Ich bin zusammengebrochen. Das Badezimmer ähnelte einem Schlachthof, in dem soeben ein Kalb geschlachtet worden war. Überall waren Blutspritzer. Ich kniete vor der Toilette und dachte, dass jetzt gerade meine Babys weggespült würden. Ich wollte sie aber nicht gehen lassen. Notfallmässig wurde ich zum Arzt gebracht. Er machte mir wenig Hoffnungen. Da konnten keine Kinder mehr im Bauch sein, zu stark war die Blutung. Doch der Ultraschall zeigte etwas anderes, etwas Erfreuliches.

Eine Woche musste ich dann im Spital ruhig liegen und anschliessend noch fünf Wochen zu Hause. Das war nicht einfach einzuhalten, musste ich mich doch noch um meine erst einjährige Tochter kümmern. Die Blutungen blieben weg und die zwei Ungeborenen bei mir. Ich war glücklich und dankbar. Doch die ganze Sache ging natürlich nicht spurlos an mir vorbei und kostete mich sehr viel Kraft.

Da konnten keine Kinder mehr im Bauch sein, zu stark war die Blutung.

Vor fünf Jahren

Im Februar, ich war im siebten Monat schwanger, wurde Chantal zum zweiten und zum dritten Mal operiert. Sie setzten ihr einen «V-Shunt» ein. Der Arzt erklärte es später meiner Tochter so: «Du musst dir das so vorstellen: In deinem Kopf gibt es viele Zimmer. In den beiden Badezimmern läuft dauernd das Wasser. Normalerweise haben die Badezimmer Abflüsse, wo das Wasser abfliessen kann. In deinen Badezimmern fehlen die Abflüsse und das Wasser kann nicht weg. Ich habe deshalb zwei Schläuchlein eingebaut, damit das Wasser abfliessen kann, und die müssen dein Leben lang drinbleiben. Wenn ich das nicht gemacht hätte, wärst du heute bei den Engeln.» Diese Operation brachte den gewünschten Erfolg. Das Wachstum des Kopfes normalisierte sich von da an. Was bleibt, sind die jährlichen Spitaluntersuchungen mit Röntgenaufnahmen, und später wird sie deswegen wieder operiert werden müssen. Chantal hatte in den wenigen Jahren bereits über fünfzehn Narkosen. Es tut mir so Leid für sie.

Im Juni erblickten dann zwei je drei Kilo schwere Buben, Jan und Kay, das Licht der Welt. Diesmal war der Kaiserschnitt vorbesprochen und ich hatte keine Panik.

Mir war bewusst, dass ein Kaiserschnitt irgendwie nicht als Operation sondern als Geburt angesehen wird. Zehn Tage danach musste ich zu Hause wieder die volle Verantwortung übernehmen, obwohl ich alles andere als fit war. Die Narben waren längst noch nicht verheilt. Auch die seelischen nicht.

Nach der Geburt kamen dann die schlaflosen Nächte. Ich gab meine Teilzeitstelle als Marketingfrau auf. Denn wer arbeitet schon mit drei Kleinkindern, hörte ich die Leute um mich herum sagen. Ein halbes Jahr lang konnte ich nicht mehr durchschlafen. Die ersten zwei Monate stillte ich die Buben jede Stunde – Tag und Nacht. Die letzten vier Monate noch alle zwei Stunden. So war meine längste Schlafdauer während eines halben Jahres höchstens eine Stunde am Stück. «Wie machst du das?», fragten mich meine Freundinnen immer wieder. Nun, es erstaunte mich selber. Ich wusste einfach nicht, wer denn sonst diese Nachtschichten übernehmen sollte. Mein Mann, meine Mutter und meine Freundinnen arbeiteten, und die Eltern meines Mannes leben im Ausland.

Physisch und psychisch hätte ich schon damals eine Auszeit gebraucht. Das habe ich gespürt. Denn ich hatte noch ein weiteres Problem. Ich nahm wöchentlich ein halbes Kilo ab, obwohl ich ständig am Essen war. Auszug aus meinem reichhaltigen Menüplan: Um 19 Uhr ein Käsefondue; um 21 Uhr ein ganzes Knoblauchbrot; um 23 Uhr zwei Teller Spaghetti, mit Käse überbacken. Diese Mengen ass ich auch beim Morgen- und beim Mittagessen. Aber ich nahm ständig ab. Als ich noch 50 Kilogramm wog, ging ich zum Arzt. Er konnte auch keine eindeutige Erklärung dafür geben. Er riet mir aber, mit dem Stillen aufzuhören.

Ob das Stillen der Zwillinge der Grund dafür war oder meine Verdauung, die ich bis dahin noch nie so aktiv gekannt hatte? Oder die Schlaflosigkeit oder die Familienprobleme? Ich weiss es nicht. Was ich ass, kam unten wieder raus. Das ist ja normal, sagen Sie vielleicht. Bei mir war das eben nicht so. Ich freute mich in der Regel, wenn ich wenigstens einmal wöchentlich Stuhlgang hatte, da ich seit Jahren an Verstopfung und Blähungen litt. Aber während dieser Zeit sass ich sicher fünfmal täglich auf der Toilette – und zwar jeden Tag.

Ende Jahr hörte ich dann mit dem Stillen auf. Gramm um Gramm nahm ich wieder zu. Und ich kam auch von den grossen Portionen weg. Aber neue Probleme tauchten auf: Mein Mann verlor seinen Job, und unsere Partnerschaft wurde auf eine harte Probe gestellt. Wir gerieten in einen finanziellen Engpass. Das trieb mich an, wieder einen Job zu suchen.

Vor vier Jahren

Im Januar arbeitete ich nach der Babypause wieder in einem 40-Prozent-Pensum. Diese neue Herausforderung gefiel mir zwar, aber es wirkte sich nicht gross auf die Finanzen aus. Wir hatten unser schmales Budget längst nicht mehr im Griff.

Es war kein einfacher Weg, aber ich musste das Sozialamt aufsuchen. Doch Geld kriegten wir keines, obwohl wir zu dieser Zeit während eines halben Jahrs ein Brutto-

Einkommen von nur 2000 Franken monatlich hatten und unsere Reserven bereits aufgebraucht waren. Schuld war die bis unter die Decke belastete, aber günstige Eigentumswohnung, die wir hätten verkaufen müssen. Aber was hätte es gebracht? Nicht einmal ein Nullsummenspiel wäre es geworden. Und ausserdem: In der vertrauten Umgebung fühlten wir uns wohl.

Dazu kam, dass ich bereits keine Energie mehr hatte, die Dinge zu ändern. Ich war schlicht nicht fähig, mich mit einem Verkaufsprozess auseinander zu setzen. Also gab es monatelang Ravioli. Kostengünstig und schnell gewärmt. Eigentlich litten wir gar nicht so sehr darunter, nur das erste Mal in meinem Leben Schulden zu haben, kränkte mich. Aber wir konnten bleiben, wo wir waren.

Im September konnte mein Mann endlich wieder anfangen zu arbeiten. Doch ich spürte, dass weitere Veränderungen anstanden.

Vor drei Jahren

Im Februar fing ich einen neuen 40-Prozent-Job als Marketingfrau in der Baubranche an. Diese Aufgabe gab mir einen guten Ausgleich zu meiner Verantwortung zu Hause. Leider kam es oft vor, dass ich nach nur einer Stunde Schlaf zur Arbeit fuhr, weil wieder einmal eines meiner drei Kinder krank war und mir den Schlaf raubte. Ich versuchte, mir nichts anmerken zu lassen, da ich den Job nicht verlieren wollte.

Im Lauf des Jahres wurde dann Kays Verhalten auffällig. Er schlug sich oft den Kopf auf den Boden oder gegen die Wand. Die Spuren waren deutlich zu sehen. Ich getraute mich nicht mehr mit ihm aus dem Haus. Was hätten die Leute gedacht und geredet? Mein Kind ertrug keine Nähe. Nicht einmal von mir. Ich wollte ihn doch fest drücken, ihn immer in die Arme nehmen. Aber sogar ich, die Mutter, wurde zurückgewiesen. Auch seine Essgewohnheiten waren erstaunlich. So mussten sein Teller, die Gabel und der Becher präzise auf dem Tisch stehen, sodass sie für ihn in Platz und Farbe stimmten. Ist das normal für einen Zweijährigen?, fragte ich mich.

Grauenhaft waren aber seine dauernden Anfälle. Er schrie wie wild und tauchte wie in eine eigene Welt ein, wo er nichts und niemanden hineinliess. Worte erreichten ihn nicht mehr. Ich war seinem Zustand hilflos ausgesetzt und konnte nicht damit umgehen.

Ich suchte Rat beim Kinderarzt. «Ja, der Bub ist normal», antwortete der Doktor auf meine Frage. Und er sagte mir, dass mein Sohn ADS, auch bekannt als POS, haben könnte. Eine Aufmerksamkeitsdefizitstörung. Doch für eine eindeutige Diagnose war es noch zu früh. Er ermahnte mich auch noch, dass wir auf unsere Ehe Acht geben sollten, er habe zu viele Ehen mit ADS-Kindern erlebt, die auseinander gegangen sind, da der Stress die Eltern zu sehr belastete. Ich nahm den Rat zu Herzen.

> **Kay schlug sich oft den Kopf auf den Boden oder gegen die Wand.**

Kay wurde jedoch immer schwieriger. Im Sommer war ich mit meinen drei Kindern im Zoo, wo er wieder einmal einen seiner Anfälle hatte. In Spitzenzeiten hatte er alle 15 Minuten solche Anfälle. Er rastete total aus, als er mich für wenige Sekunden aus den Augen verlor, warf sich auf den Boden und schrie laut. Ausgerechnet eine Frau, die selber drei Kinder hat, meinte, man solle doch dieses Kind entfernen. Und das tat ich dann auch.

Mit Müh und Not erreichten wir die Bushaltestelle. Ich wollte nur noch nach Hause. Der Bus hielt und Jan und Chantal eilten rasch hinein, was Kay sofort erzürnte, da er der Letzte war. Prompt warf er sich wieder auf den Boden und schrie los. Da zwei der Kinder bereits drinsassen und der Bus-Chauffeur entnervt nach hinten sah, blieb mir nichts anderes übrig, als Kay mit hineinzuziehen. Wir setzten uns auf die hinterste Bank. Es war unglaublich heiss und die Luft war stickig. Kay schrie unaufhörlich. Die Leute blickten immer wieder zurück und fingen an zu murmeln. Ich wusste nur zu gut, was sie dachten. Jeglicher Versuch, Kay zu beruhigen, scheiterte. Ich hielt ihm in der Verzweiflung den Mund zu und spürte Schweissperlen von meiner Stirn tropfen. Krampfhaft versuchte ich, meine Tränen zurückzuhalten. Nach diesem Zoobesuch ging ich mit den Kindern nicht mehr fort.

Solche Situationen, begleitet von den vielen Ängsten, machten mich krank und überforderten mich total. Ich hatte meinen ersten Nervenzusammenbruch. Ich ging nicht zum Hausarzt. Ich ging zum Kinderarzt und sagte ihm, dass er nun entweder meinem Kind oder mir helfen müsse. Ich konnte nicht mehr.

So durften wir ab September zu einer Therapeutin, bei der wir heute noch sind. Obwohl der Kanton und die Gemeinde die Therapie bezahlten, kosteten uns allein die Fahr- und Parkspesen für Kays Therapien und Abklärungen sowie Chantals Untersuchungen viel Geld. Abgesehen vom Zeitaufwand von rund zehn Stunden in der Woche.

Das Geld reichte hinten und vorne nicht. So erhöhte ich mein Arbeitspensum zeitweise auf bis zu 70 Prozent. Da ich aber nur für zwei Tage einen Babysitter hatte, arbeitete ich oft bis spät in die Nacht hinein. Das war bestimmt nicht gut für mich. Aber es war auch eine Flucht. Ich ertrug die dauernden Anfälle von Kay einfach nicht mehr.

Vor zwei Jahren

Im März kam dann die Retourkutsche. Ich hatte mich total übernommen. Ich war erschöpft, leer, traurig, überfordert und fühlte mich einsam und unzufrieden.

Im April entfloh ich für zwei Wochen in ein warmes Land mit wunderschönen Stränden. Ganz allein. Ich brauchte Abstand von zu Hause. Ich wollte weg von den Kindern, meinem Mann, meinem Job. Ich wusste nicht mehr, wie alles weitergehen sollte. Ich hatte mir das Muttersein und das Familienleben anders vorgestellt.

Nach diesen Ferien versuchte ich, die Situation zu Hause wieder einigermassen in den Griff zu bekommen. Doch es gelang mir nicht. Zwei Wochen Ferien vermochten fünf Jahre Stress und Schlafmanko natürlich nicht wettzumachen.

Es war ein Samstag im Spätherbst, als ich meinen zweiten Nervenzusammenbruch erlebte. Die Kinder schrien herum, ich war müde und hatte keine Kraft mehr. Ich schlug auf einmal blind um mich, bis meine Hand so wehtat, dass ich weinend auf dem Boden zusammensackte und mich der Schmerz zu zerreissen drohte.

Meine Kinder wurden still, standen vor mir und schauten mich mit grossen Augen ungläubig an. Gottlob hatte ich keines meiner Kinder getroffen, bloss den massiven Wohnzimmertisch. Mein Mann und meine Mutter eilten herbei. Ich legte mich im Gästezimmer auf das Sofa. Ich konnte nicht mehr sprechen. So fing ich an zu schluchzen und konnte einfach nicht mehr aufhören. Stundenlang. Meine Hand war so aufgeschwollen, dass ich die Finger nicht mehr bewegen konnte. Der Schmerz war unerträglich. Ich fühlte mich so unendlich traurig. So endlos unglücklich. Ich stellte mir vor, von einer Brücke zu springen. Doch sterben wollte ich nicht. Ich konnte nicht einfach gehen. Ich hatte Verantwortung. Ich wollte leben, meine Kinder aufwachsen sehen. Aber es musste sich etwas in meinem Leben ändern. Etwas musste geschehen. Nach langem Überlegen erstellte ich eine Liste mit meinen dringendsten Problemen. Das ist

Ich fühlte mich neben meinen alltäglichen Aufgaben vor allem durch die vielen Anrufe, SMS und E-Mails überlastet.

eine Strategie, die ich mir früh angewöhnt habe, um mit der ADHS umzugehen. Es waren fünf Probleme, die ich zu lösen hatte. Ich räumte mir dafür sechs Monate ein.

Vor einem Jahr

Im März hatte ich die Liste abgetragen. Aber es wurde nicht wesentlich besser.

Im Mai trennten sich mein Mann und ich endgültig. An den Kindern waren die vergangenen Jahre auch nicht spurlos vorbeigegangen. Sie litten ebenfalls. Und jetzt mussten sie sich noch mit dieser Trennung auseinander setzen.

Wir erklärten ihnen, dass Papi nun in eine andere Wohnung umziehen wird. Er ist und bleibt aber immer ihr Papi. Es hat nichts mit ihnen zu tun. Mami und Papi lieben sich einfach nicht mehr. Das hatten sie natürlich auch gespürt. Doch sie wollten ihn nicht gehen lassen und weinten bitterlich. Ich weinte auch. Obwohl es für uns besser war. Die Endgültigkeit war so entsetzlich. Die Leere, die entstand, als er weg war. Der leere Schrank. Die Einsamkeit. Und auf allen Kinderfotos, die in unserem Wohnzimmer hingen, sah ich seine Züge in ihren Gesichtern. Er war überall vorhanden. Sein Teil in unseren Kindern ist dauernd präsent. Trennungen sind schmerzhaft, und ich brauche ohnehin sehr lang, sie zu verarbeiten. Die Kinder schliefen nach dem Auszug oft bei mir im Bett. Das half uns allen.

Kays Therapeutin unterstützte uns während dieser ganz schweren Zeit. Sie schaute auch für mich und für alle drei Kinder. Sie war mein Engel. Ohne sie hätte ich diese Zeit nicht durchgestanden. Und ich erfuhr dank ihr viel über meine Kinder. Sie konnten sich noch nicht so äussern wie ein erwachsener Mensch. Aber sie verstanden, was sich abspielte. Chantal sagte einmal zu mir: «Sei nicht traurig, dass Papa weg ist. Du wirst einen anderen und zudem schönen Mann kennen lernen, der lieber zu dir ist.» Ich spürte, dass auch sie die letzten Ehejahre deutlich miterlebt hatte, obwohl wir es unterliessen, uns vor den Kindern zu streiten. Aber sie fühlten die eisige Kälte.

Den Alltag ohne meinen Mann hatte ich mir einfacher vorgestellt. Ich fühlte mich überlastet, als wollten alle etwas von mir, denn sonst war da niemand mehr. Meine Kinder wollten essen und brauchten Aufmerksamkeit. Die Hasen wollten Futter. Die Rechnungen wollten bezahlt werden. Telefon, SMS und E-Mails wollten beantwortet werden. Die Bekannten wollten mit mir etwas unternehmen. Der Job wollte erledigt sein. Doch es war mir nicht mehr möglich, alles zu bewältigen.

Es gab Zeiten, wo ich am liebsten die Tür hinter mir zugemacht hätte und von allem nichts mehr wissen wollte. Ich fühlte mich erdrückt von der grossen Verantwortung, die auf mir lastete.

Ich war jedenfalls nicht mehr die Mutter, die meine Kinder verdient hätten. Ich war dauernd müde und gereizt.

Ich hatte fast keine Nerven mehr für sie und fing an, die meiste Verantwortung meiner Mutter und unserer Praktikantin zu übergeben. Gottlob hatte ich seit zwei Jahren jeweils ein Mädchen von einer Schule, das für ein halbes Jahr während vier Tagen pro Woche ein Praktikum bei uns absolvierte. Sie unterstützten mich in der Kinderbetreuung und im Haushalt.

Auch mit dieser Hilfe war ich noch immer überfordert: Innere Unruhe und totale Erschöpfung, Konzentrationsprobleme, Vergesslichkeit und Verlegen von Dingen wurden immer häufiger. Ich brauchte enorm viel Energie, um überhaupt noch funktionieren zu können. Die Arbeit im Job – so komisch wie das tönen mag – war für mich die einzige Erholung von zu Hause. Eigentlich merkte ich schon seit längerer Zeit, dass ich auf dem letzten Zacken lief. Doch ich wusste nicht, wie ich diese Situation ändern könnte.

Ich musste mich mit so vielen Dingen auseinander setzen, mit denen ich mich vorher gar nicht gross beschäftigt hatte. Ich musste mich auch intensiv mit mir befassen: mit meiner Vergangenheit und meinen Schmerzen.

Und wer schaute zu mir? Wo waren meine Bedürfnisse geblieben? Ich war wütend, dass ich keine Zeit mehr für mich hatte. Ich wollte alles hinschmeissen.

Ich fing an, zu Suchtmitteln zu greifen, um in eine andere Welt abzutauchen. Die Realität konnte ich längst

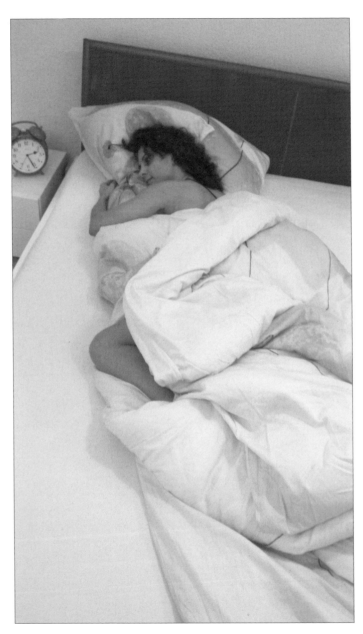

Jede Nacht wälzte ich mich im Bett herum und fand keinen Schlaf. Ich fing an, die Nächte zu fürchten.

nicht mehr ertragen. Ich hatte zudem enorme Schlafstörungen. Angefangen vom Einschlaf- bis hin zum Durchschlafproblem. Oftmals erwachte ich bereits um vier Uhr morgens und konnte nicht wieder einschlafen.

Um einschlafen zu können, trank ich abends Rotwein. Ich hatte höllische Angst vor der Nacht, davor, wieder stundenlang wach zu liegen. Schlaftabletten wollte ich keine. Also erschien mir der Rotwein mit der gleichen Wirkung als die natürliche Alternative. Ich merkte jedoch schnell, dass mir Alkohol nicht gut tat. Am kommenden Tag brauchte ich jeweils den ganzen Morgen, bis sich mein Körper von den Kopf- und Gliederschmerzen erholt hatte. Zudem wurde ich immer gereizter.

Es gab wirklich Zeiten, wo ich mich selbst verabscheute. Aber es war mir egal. Ich sah schlecht aus – und es störte mich überhaupt nicht. Besser noch. Ich sah endlich aus, wie ich mich fühlte. Verschissen. Ich verachtete mich selbst. Dabei tat ich doch eigentlich gar nichts Schlimmes. Ich wusste selber, dass ich mich nicht ein Leben lang mit Rotwein in die Nacht verabschieden konnte.

Ich begann auch richtig zu rauchen und brachte es zeitweise bis auf zwei Packungen pro Tag. Was mein Bronchialasthma nicht gerade minderte. So brauchte ich meinen Ventolin-Spray während dieser Zeit nicht nur in der Heuschnupfensaison, sondern jeden Tag. Kurz, ich fing an, mich und meinen Körper erst zu ruinieren, um ihn dann zu zerstören. Bereits in der Jugend machte ich einmal Bekanntschaft mit diesem «Selbstzerstörungswahn». Damals war es der Konflikt mit meinem Vater, dem ich machtlos ausgeliefert war. Und diesmal waren es die schweren Umstände, denen ich machtlos ausgeliefert schien.

Im Juli ging ich zum Hausarzt und sagte die Wahrheit: «Ich brauche Hilfe.» Er empfahl mir einen Psychiater. Ich brauchte eine Woche, um mich zu überwinden, den Psychiater aufzusuchen. «Wer zum Psychiater muss, spinnt», hörte ich oft Leute sagen. Wer spinnt, kriegt einen Stempel aufgedrückt. Unauslöschlich. Heute weiss ich: Viele Menschen laufen mit einem solchen Stempel rum. Aber wer zum Psychiater geht, ist nicht fürs Leben gestempelt. Schwächen hat jeder. Aber nur die wenigsten wollen darüber sprechen.

Bei meinem ersten Gang dorthin war ich total verunsichert. Ich zitterte regelrecht im Wartezimmer. Meine Hände waren feucht. Ich wusste nicht, warum ich da sass. Ich wusste nur, dass ich Hilfe brauchte. Und ich hoffte, dass ich sie hier bekommen würde.

Nicht nur über Psychiater redet man nicht gern in der Öffentlichkeit. Auch die Einnahme von Medikamenten belastet viele. Doch wie viele Menschen nehmen Medikamente oder Drogen wie Alkohol, Nikotin, Gras, Heroin, Ecstasy und so weiter? Viele Menschen sind süchtig. Nicht nur nach Liebe, sondern auch nach dem Rausch. Ich habe Männer in Führungspositionen kennen gelernt, die regelmässig Kokain und/oder Antidepressiva konsumieren. Weil sie sonst dem Druck nicht standhalten könnten. Diese Tatsache erschütterte mich zutiefst.

Mein Psychiater riet mir zum Umdenken. Was ich in den letzten Jahren geleistet hatte, sei nicht «normal». Ich hatte die zurückliegenden Jahre etwas anders gesehen. Ich war und bin eine Kämpferin. Ich liess meine Kinder nicht im Stich. Ich verlangte von mir zwar oft Unmögliches, doch ich überstand es jedes Mal. Bemerkungen wie «Wie schaffst du das alles?» stachelten mich noch mehr an. Sie gaben mir die Kraft, weiterzumachen. Auch wenn ich schon seit Monaten spürte, dass von der lebenslustigen Frau von einst nicht mehr viel übrig geblieben war. Meine Mutter sagte mir oft: «Janine, lach doch wieder einmal!», doch das Lachen war mir vergangen. Die Grenzen des Machbaren hatte ich längst überschritten. Ich war ausgebrannt. Völlig leer.

Im Oktober hatte ich den grössten Trennungsschmerz hinter mir. Ich war nicht mehr verzweifelt und versuchte, an die schönen Dinge im Leben zu denken. Ich getraute mich auch wieder unter die Leute. Ich glaubte, Verpasstes nachholen zu müssen. Doch hatte ich damals schon gar keine Energie mehr, diesem Lebensdrang nachzugehen. Ich tat es trotzdem.

> **Ich brauchte eine Woche, um mich zu überwinden, den Psychiater aufzusuchen.**

Ich fing an, zu Suchtmitteln zu greifen, um in eine andere Welt abzutauchen. Die Realität konnte ich längst nicht mehr ertragen.

3. KAPITEL

Die letzten Tage davor

An einem Donnerstagabend im November ging ich zum ersten Mal seit Jahren wieder aus zum Tanz. Obwohl ich vor Müdigkeit fast zusammenbrach, fand ich, dass mir dieser Ausgang gut tat. Am Freitagmorgen fuhr ich zu einer Besprechung. Ich sah müde und krank aus. Samstag und Sonntag waren die Kinder bei ihrem Vater, und ich genoss die Gesellschaft meiner Freunde. Der Schlaf kam natürlich zu kurz. Am Montagabend, dem letzten Abend vor meinem Zusammenbruch, traf ich mich mit Kays Götti in Zürich zum Abendessen. Zuerst wollte ich absagen, da ich mich zu kaputt fühlte. Aber ich hatte ihn schon lange nicht mehr gesehen und wollte die Beziehung zu den Gotten und Götti meiner Kinder natürlich auch pflegen. Als ich spätabends eine Stunde nach Hause fuhr, merkte ich, dass mir die Energie langsam, aber sicher vollends ausging. Nichts half mehr, meine Batterien aufzuladen. Auch nicht die Gesellschaft meiner Bekannten und Verwandten, die ich doch schon so lange vermisst hatte.

Dann kam der Dienstagmorgen, an dem alles anders wurde. An dem ich nicht mehr aufstehen konnte. Die endlosen drei Wochen, während deren ich vergebens darauf wartete, dass sich mein Zustand endlich wieder besserte. Der Entscheid, mich in die Klinik einweisen zu lassen.

Erster Klinikaufenthalt

Vom Entscheid bis zum Klinikaufenthalt blieb nur eine Woche, und wir mussten eine Lösung für die Kinder finden. Da die Buben noch nicht in den Kindergarten gingen, brachten wir sie für einen Monat zu den Eltern ihres Vaters. Chantal war schon im Kindergarten und musste zu Hause bleiben. Sie wurde von der Praktikantin und meiner Mutter betreut. Es war für alle eine hektische Zeit.

Die Luzerner Höhenklinik, in die ich Anfang Dezember eingewiesen wurde, befindet sich in Montana im Wallis. Weit weg von zu Hause. Hier sollte ich die nächsten drei Wochen verbringen.

Ein Bekannter nahm die vierstündige Autofahrt auf sich und brachte mich hin. Je näher wir dem Ziel kamen, umso stiller wurde ich. Ich hatte Angst und wusste nicht, was mich erwarten würde.

Die Klinik war sehr schön, und ich wurde herzlich empfangen. Bei einem Eintritts-Check wurde meine Krankheit besprochen. Anfangs bat ich darum, ein Röntgenbild von meinem Kopf machen zu lassen, da ich Angst hatte, einen Tumor zu haben, der für meine Denk-, Seh- und Leseschwierigkeiten verantwortlich sein könnte.

Doch der Arzt war nach meinen Berichten überzeugt, dass es sich um ein Burn-out-Syndrom und nicht um einen Tumor handelte. Er machte mir Mut, diese drei

Wochen abzuwarten, und wenn es dann noch nicht besser sei, würde man ein Bild machen. Er sollte Recht behalten.

Er stellte mir das Klinikprogramm vor, das aus Gesprächen mit Therapeuten, Sport zum Aufbau des Körpers, Ergotherapie für Gedächtnis und Konzentration sowie Physiotherapie für meine Gliederschmerzen bestand.

Nun durfte ich mich in meinem Spitalzimmer einrichten. Ein Einzelzimmer mit Balkon. Und die Sonne schien herrlich. Genau das Richtige für mich. Hier fand ich die Ruhe, die ich nötig hatte. Die frische Luft und die schöne Aussicht auf die Berge trugen ebenfalls wesentlich zu meiner Genesung bei.

Oft konnte ich nicht verstehen, weshalb ich hier war. Manche hatten schweres Asthma, andere mussten sich nach einer schweren Operation erholen und wieder aufbauen lassen. Wieder andere hatten ein Schlafapnoe-Syndrom. Und einer litt an einem Zeckenbiss, dessen Folgen ihm seit fünfzehn Jahren das Leben zur Hölle machten. Wie schrecklich. Und was hatte ich denn schon? Nichts, was man von aussen sieht, dachte ich.

Die einzige Berechtigung für den Rehabilitationsaufenthalt war, so glaubte ich, dass ich nicht mehr lesen konnte und mein Kurzzeitgedächtnis total abgeschaltet war. Ich brauchte viele Übungen, um das wieder hinzukriegen.

Ich hatte damals grösste Mühe, meine Schwäche zu akzeptieren, sie mir einzugestehen. Fast niemand aus meinem Bekanntenkreis erfuhr, was mit mir los war. Ja, was sollte ich denen auch erzählen? Ich wusste es ja selbst nicht.

In der Klinik erhielt ich jeden Tag ein neues, auf mich zugeschnittenes Programm, das zum Beispiel so aussah:

 7.30 Uhr: Frühstück im gemeinsamen Speisesaal
 8.20 Uhr: Vorträge über Lunge, Herz und anderes
 9.00 Uhr: Atemgruppe
 9.30 Uhr: Ausdauertraining auf dem
                Fahrradergometer oder Gymnastik
11.00 Uhr: Einzelgespräch mit einem Psychotherapeuten
12.00 Uhr: Mittagessen
13.30 Uhr: Langlauf oder Wandern oder Schwimmen
14.30 Uhr: Physio- oder Ergotherapie
17.35 Uhr: Abendessen

Im meinem Zustand fühlte ich mich wie eine Marionette und musste geführt werden. Das straffe Programm half mir langsam auf die Beine. Ich genoss es, mich um nichts kümmern zu müssen. Und vor allem waren die drei Mahlzeiten im Speisesaal ein Höhepunkt. Ich musste nicht in der Küche stehen und kochen. Ich konnte mich hinsetzen und geniessen. Und das tat ich.

Dennoch war der Klinikaufenthalt nicht mit Ferien vergleichbar. Mich nur verwöhnen zu lassen, hätte nicht gereicht. Es war Schwerstarbeit an mir selbst, und ich vermisste die Kinder unendlich. In Gedanken war ich bei ihnen. Ganz nah. Ich hatte Heimweh. Die Abende verbrachte ich oft allein im Zimmer und las Bücher, die mir der Psychotherapeut empfohlen hatte. Eines davon drehte sich um das Thema Loslassen. Dieses Buch sollte mich während dieser Zeit noch oft begleiten. Ich denke, es gibt Menschen, die tun sich leichter damit. Ich habe einerseits Mühe damit, mich einzulassen, und auf der anderen Seite mit Loslassen. Irgendwie brachte mich das Lesen weiter. Ich versuchte, zu begreifen, dass Loslassen nicht nur Abschiednehmen von einem Menschen bedeutet. Auch das Loslassen von Vorstellungen ist schwierig. Sich damit abzufinden, seine Ideen vom eigenen Leben zu ändern, braucht Mut.

In der Schmerzgruppe

Ich wurde in die so genannte Schmerzgruppe eingeteilt. Gruppentherapie kannte ich damals nur aus dem Fernsehen. Sie selbst erleben zu müssen, war anfangs sehr unangenehm. Für mich und alle Beteiligten. Ich hörte von vielen anderen Problemen, über die wir uns gegenseitig zu schweigen versprachen. Mir fiel auf, dass ich diese Patienten nicht einordnen konnte. Ich kann nicht sagen, Herzinfarkt haben nur gestresste Menschen. Ich kann nicht sagen, Krebs haben nur Raucher. Und so ist es auch mit dem Burn-out. Vom Finanzdirektor bis hin

> **In meinem Zustand fühlte ich mich wie eine Marionette und musste geführt werden.**

zur Floristin. Von Jung bis Alt. Von Arm bis Reich. Es kann jeden treffen. Zu wissen, dass es so ist, nahm mir viel von meiner Scham.

Ich lernte zum ersten Mal die WHO-Definition von Gesundheit kennen: «Gesundheit ist ein Zustand des völligen körperlichen, geistigen und sozialen Wohlbefindens – und nicht nur die Abwesenheit von Krankheit.» Und auch was Schmerzen sind, lernte ich. Bis zu diesem Zeitpunkt war mir nicht wirklich bewusst gewesen, dass Schmerz nicht nur körperlich, sondern auch seelisch sein kann. Ich hatte Schmerzen anders definiert. Wenn ich mir in den Finger schneide, tut es weh. Das ist der Schmerz. Warum musste ich 36 Jahre alt werden, um das an und für sich banale Wissen zu erlangen, dass es auch einen seelischen Schmerz gibt? Und den kann man nicht wie beim Finger mit einem Verband lindern. Auch dieser Schmerz musste geheilt werden. Nur wie, das wusste ich noch nicht.

In der Schmerzgruppe sprachen wir auch über unsere Selbstwahrnehmung. Ich musste vorher mit hässlichen Einbildungen kämpfen, wie: «Wer will denn schon eine Frau mit drei Kindern?» Einerseits weil ich mir vorstellen konnte, dass es ein neuer Mann an unserer Seite am Anfang ziemlich schwer haben dürfte. Und andererseits wäre ich früher nie mit einem Mann, der Kinder hat, eine Beziehung eingegangen. Ganz einfach, weil ich keine Kinder haben wollte. Ich konnte diese Ansicht deshalb auch verstehen.

Sie brachte mein Selbstwertgefühl aber über lange Zeit auf den Tiefstpunkt. Ich musste mich erst so weit bringen, dass ich Folgendes davon hielt: Warum sollte ich weniger wert sein, nur weil ich drei Kinder habe? Tja, warum nur?

Glücklicherweise durfte ich einige Männer kennen lernen, die nicht so denken. Und das half mir auf jeden Fall, meinen Glauben an mich nicht zu verlieren. In meinem Freundeskreis bestätigen viele, dass ich durch die Mutterschaft ein noch wertvollerer Mensch geworden sei: verständnis- und rücksichtsvoller, zärtlicher, liebevoller, sinnlicher. Ich sehe das genauso. Früher war ich eine Suchende, die nirgends bleiben konnte. Heute habe ich mich gefunden und weiss, was ich will. Als ich diese Gedanken in der Gruppentherapie aussprach, klatschten alle spontan Beifall. Und ich wusste, ich war auf dem richtigen Weg. Es tat mir gut.

Ein Mann, der damals auch in dieser Gruppe war, überraschte mich danach mit dem Angebot von finanzieller Unterstützung. Die wollte ich natürlich zuerst nicht annehmen. Aber er sagte: «Als ich einmal in grosser Not war, half mir auch jemand und ich nahm die Hilfe an. Wenn es dir irgendeinmal besser geht, kannst du auch einem anderen Menschen in Not helfen.» Ich habe das Geld angenommen.

Mein Selbstwertgefühl zu verbessern, war nicht einfach. Es entsprach nicht dem, was meine Freunde von mir

Ich vermisste die Kinder unendlich. In Gedanken war ich bei ihnen. Ganz nah. Ich hatte Heimweh.

hielten. Ich wurde eher als willensstark und selbstsicher gesehen. Doch selber sah ich das nicht so. Ich war eher die Dienerin als die starke Persönlichkeit. Ich habe mich gern versteckt.

Was ich heute am krassesten finde: Früher habe ich mich immer ganz anders gesehen, als mich die Umwelt wahrnahm. Wenn ich Fotos von mir betrachte, die gemacht wurden, als ich zum Beispiel 25 Jahre alt war, denke ich, wie habe ich mir nicht gefallen können? Und, noch schlimmer: Wie konnte ich mich zu dick fühlen? Man sah ja zeitweise die Rippen. Warum nur? Das gehört nun der Vergangenheit an. Schönheit kommt von innen. Das habe ich gelernt.

Die Suche

Mit meinem Psychotherapeuten verstand ich mich hervorragend. Er half mir enorm und brachte es fertig, dass ich mich in die Tiefe meines Selbst begeben konnte. Das war eine derart neue, überwältigende Erfahrung, dass ich danach nur noch weinen konnte und ziemlich erschöpft war. Wir suchten zusammen Antworten auf mein Verhalten. Bestimmt haben mein familiärer Hintergrund und die Konflikte mit meinem Vater einen Einfluss auf meine Beziehungsfähigkeit und meine Lebenseinstellung. Dennoch gab es Verhaltensauffälligkeiten bei mir, die wir zu erklären versuchten. Er gab mir ein Sachbuch über die gängigsten psychischen Krankheiten, das ich aufmerksam durchlas. Ich studierte die Symptome von

Hysterie, Borderline, Schizophrenie, Narzissmus und was es sonst noch alles so gibt. Doch ich fand mich nirgends.

Die Tochter ist krank

Kurz nach meiner Abreise in die Höhenklinik wurde meine Tochter krank. Sie litt an einer hartnäckigen Grippe und verlor einige Kilo. Eigentlich vermisste sie mich einfach zu sehr und sie war es auch nicht gewohnt, dass ihre Brüder weg waren. Als es auch nach zwei Wochen nicht besser wurde, durfte ich Chantal mit dem Einverständnis der Klinikleitung für eine Woche zu mir nehmen. Auch wenn es für mich nicht das Beste war, denn in dieser Zeit hätte ich mich um mich kümmern sollen und nicht um meine Tochter. Aber sie wollte unbedingt zu mir. Und ich sehnte mich ja auch nach meinen Kindern.

Meine Mutter brachte sie bei ihrem Wochenendbesuch zu mir. Chantal sah abgemagert aus. Nie wieder will ich sie so sehen. Aber freute ich mich riesig, wieder einmal vertraute Gesichter um mich zu haben.

Wir verbrachten eine wundervolle Zeit in diesem idyllischen Winterort in den Bergen. Fütterten Eichhörnchen im Wald, die uns aus der Hand assen, speisten in einem gemütlichen Restaurant zu Abend und machten lange Spaziergänge zusammen. Diese Woche, als Chantal bei mir blieb, erhielten wir sogar ein grösseres Zimmer. Chantal begleitete mich in fast alle Therapien, machte bei der Gymnastik mit und beim Schwimmen. Als Wermutstropfen musste ich die Gesprächsgruppen während dieser Zeit ausfallen lassen. Das hätte die Kleine noch nicht verstanden.

Diese drei ersten Klinikwochen brauchte ich, um zu begreifen, was «Burn-out» bedeutet. Ich fühlte mich danach wieder stark genug für meinen Alltag. So verliess ich die Klinik am 23. Dezember, um zu Hause Weihnachten feiern zu können.

Die Gerüchteküche

Wo nicht informiert wird, entstehen Gerüchte. So ist es überall. Also kämpfte ich mit Aussagen wie: «Sie war in der Klinik. Sie hat Depressionen.» Und allen schien es so klar zu sein, dass das ja bei mir so habe kommen müssen. Kein Wunder, bei diesen Belastungen in den letzten Jahren. Und sie wussten auch, dass ich nicht Nein sagen konnte.

Davon sagten sie mir aber nichts. Und eigentlich wussten sie gar nichts. Ich fühlte mich unverstanden. Abgestempelt. Abgelehnt. So liess ich auch keine «helfen» wollenden Menschen mehr an mich heran. Ich war so sensibel und unendlich traurig, dass ich gar nicht in der Lage war, damit souverän umzugehen. Also zog ich mich zurück.

> **Hätte ich damals schon gewusst, was kommen würde, ich wäre wohl von einer Brücke gesprungen.**

Drei Tage nach dem Verlassen der Klinik fing ich mir eine Angina ein. Wann um Himmelswillen hatte ich das letzte Mal in meinem Leben eine Angina? Wie auch immer. Meine körperliche Leistung war sofort wieder bei null.

Silvester verbrachte ich dann ganz allein. Die Kinder waren bei ihrem Vater. Ich empfand das damals nicht als traurig. Ich wollte einfach allein sein. Das neue Jahr ganz allein beginnen mit der Frage: Was kommt da noch alles auf mich zu? Hätte ich damals schon gewusst, was kommen würde, ich wäre wohl von einer Brücke gesprungen.

Ich war zwar zäher und fähiger, als ich mir das vorstellen konnte. Nur, ich hatte meine Grenzen längst überschritten. Vielleicht erkannte ich die Grenzen einfach nicht. Eine mögliche Erklärung könnte die ADHS sein. Aber mit Bestimmtheit kann ich das auch heute nicht sagen.

Am 3. Januar musste ich mit Chantal ins Spital für einen MRI-Untersuch. Als sie in der Röhre auf dem Rücken lag, fielen ihr ihre viel zu grossen Mandeln in den Rachen und versperrten ihr die Luftzufuhr. Da sie unter Narkose stand, konnte sich der Schluckmuskel nicht wehren. Sie wäre fast erstickt. Ich sass vor dem Untersuchungszimmer und sah nur noch zwei Ärzte und zwei Schwestern in das Zimmer stürzen. Mir stockte der Atem, ich merkte sofort, dass etwas mit meiner Tochter nicht stimmte. Chantal überlebte diesen Vorfall. Ich weinte, verlor die Fassung.

Ich hatte schon lange das Gefühl, dass Chantal im Schlaf Atemaussetzer hatte, und es auch schon beim Arzt erwähnt. Während des Aufenthaltes in der Luzerner Höhenklinik erfuhr ich, was Schlafapnoe bedeutet, und vermutete, dass Chantal daran litt. Aber erst nach diesem Erlebnis wurde sie getestet: Es war so.

Meine Erfahrung gibt mir heute die Einstellung, dass ich keinem Arzt mehr wichtige Entscheidungen über mein Leben oder das meiner Kinder anvertraue. Wenn ich mich nicht ernst genommen fühle, hole ich eine zweite Meinung ein. Und auch dann noch vertraue ich meinem Gefühl. Das bis heute immer – und ich meine immer – Recht hatte. Dies habe ich bei der Geburt meiner Tochter erlebt, bei der Geburt meiner Zwillinge, bei meinem Burn-out und noch oft. Mein Motto lautete ab sofort: «Hilf dir selbst.»

Dieses Spitalerlebnis riss mich erneut in die Tiefe, und ich wurde von meinem Arzt für einen weiteren Klinikaufenthalt nach Montana eingewiesen.

Wieder in Montana

Und so landete ich bereits am Dreikönigstag erneut im Wallis. Ich war aber froh, wieder hier sein zu dürfen. Diesmal war jeglicher Kontakt mit «meiner Welt» verboten. Also auch der Kontakt zu meinen drei Kindern. Und ich hielt es so gut wie möglich ein. Ich habe erkannt, dass Heilung erst bei mir eintreten kann, wenn ich alle meine

Verantwortungen – und zwar wirklich alle – für einige Zeit vollends abgebe.

Ich habe eingesehen, dass die Welt sich auch ohne mich weiterdreht. Die Kinder würden auch ohne mich gross werden. Mein Arbeitgeber würde eine neue Marketingfrau einstellen. Meine Bekannten würden ebenfalls ohne mich ihr Leben bestreiten. Auch wenn es mir wehtat. Es ist eben so.

Und zum Glück ist es so.

Mit diesem neuen Bewusstsein konnte ich mich nun endlich mir selber widmen. Ich las weitere Bücher und informierte mich. Lernte, dass mein Ich aus meinem Körper, meiner Seele und meinem Geist besteht. Irgendwie war mir das vorher nie so klar. Ich hatte mich auch nie gross dafür interessiert. Aber ich verstand, dass viele Dinge zusammenkommen müssen, bis ein Mensch richtig leiden muss.

Ich habe auch gelernt, dass man ein Burn-out eigentlich schon ziemlich früh erkennen könnte. Sogar im Blutbild, sagte man mir. Und es zeichnet sich auch schon lange Zeit vorher ab. Ist mir im Nachhinein auch klar. Nur damals wusste ich nichts davon.

Im Fernsehen sah ich zu jener Zeit einen interessanten Bericht. Er zeigte auf, dass der Körper, wenn er in einen Erschöpfungszustand getrieben wird, anfängt, etwas zu produzieren, das ihn nach und nach vergiftet. Ich fand damals, dass das für mich persönlich die glaubwürdigste Erklärung für mein Burn-out war. Aber ich konnte da noch nicht anerkennen, dass es bei mir mit der später erkannten ADHS und auch mit dem Geist und der Seele zu tun hatte. Ich habe von meinem Körper wirklich Unmenschliches verlangt. Habe mich nur von meinem Hirn leiten lassen und dabei meine Seele ganz vergessen. Ich dachte, ich mache doch alles richtig. Ich bin doch für alle da. Aber ich war nicht da für mich.

Eine andere Welt – Soziophobie

Lange litt ich – und auch noch heute ein wenig – an Soziophobie, also der Angst vor dem Kontakt mit anderen Menschen.

Sie schlich sich während der letzten zwei bis drei Jahre langsam in mein Leben und wurde immer stärker. Vorher hatten wir an den Wochenenden regelmässig etwas mit Freunden unternommen. Irgendeinmal empfand ich es jedoch als Stress und wir gingen fast gar nicht mehr aus. Auch Einladungen an Partys, wo viele Leute waren, nahmen wir schon länger nicht mehr an, da wir einmal ein Geburtstagsfest umgehend verlassen mussten, weil ich beinahe ausrastete. Das Geschrei der vielen Kinder machte mich nervös, und ich ertrug es nicht, dass die Kinder nicht mit Kay spielen wollten, weil er «anders» ist.

> **Ich ertrug es nicht, dass die Kinder nicht mit Kay spielen wollten, weil er «anders» ist.**

Diese Angst vor vielen Menschen wurde mir erst jetzt in der Klink bewusst.

Ich ging einmal in Montana in ein Sportgeschäft, um Schlittschuhe anzuprobieren. Als ich hereinkam und bereits etwa zehn Personen dort sitzen sah, erfasste mich Panik und Angst. Ich zitterte. Ich fühlte mich auf einmal sehr unwohl und verliess das Geschäft wieder. Dieses Zittern begleitete mich einige Zeit. Erklärungen habe ich keine. Ich zitterte einfach.

Gerade ich die Unersättliche, die Partygängerin, die eher als spontan galt und schnell Kontakte knüpfte, getraute mich nicht mehr unter Menschen. Auch nicht in die Gesellschaft vertrauter Menschen. Ich ertrug sie einfach nicht mehr. Das war für mich unvorstellbar.

Irgendwie empfand ich alles plötzlich als schwierig. Ich befand mich wie in einer anderen Welt. Wo es nicht um Mutter- und Marketingaufgaben ging. Sondern nur noch um mich.

Ich bin dann doch noch zu Schlittschuhen gekommen. Da ich zwanzig Jahre lang nicht mehr auf Kufen gestanden war, hatte ich zunächst riesigen Respekt davor. Ein weiteres Problem war, dass ich fast keine Dinge tat, die ich nicht einwandfrei beherrschte, ich musste in allem immer perfekt sein. Nur, wer an diesem schönen Ort nicht auf die Eisbahn geht, versäumt etwas. Ich nahm meinen ganzen Mut zusammen. Es war eine Herausforderung für mich, meinen «inneren Schweinehund» zu überwinden. Ein Freund half mir dabei. Er gab mir Selbstvertrauen, indem er sagte, dass ich nach fünf Minuten auf dem Eis fahren könne. Und so war es dann auch. Ich habe endlich mit meinem Perfektionswahn aufgehört. Ich will in Zukunft alles versuchen, was mir Spass macht, auch wenn ich denke, ich kann es nicht. Wie eben das Schlittschuhlaufen.

Nach drei Wochen fühlte ich mich so fit, dass ich mir wieder eigene Verantwortung zutraute. Es war mir auf einmal nicht mehr wohl in der Klinik. Die vielen jammernden kranken Menschen um mich herum wurden zur Belastung. Für mich war es Zeit zu gehen. Die Klinik war Theorie für mich. Jetzt musste ich herausfinden, wie ich die gemachten Erfahrungen in der Praxis würde umsetzen können.

Zum Abschluss organisierte es die Sozialberaterin der Klinik, dass ich meine Buben für eineinhalb Tage in der Woche in einen Montessori-Kindergarten geben durfte. Es war uns allen bewusst, dass ich noch nicht voll für die Kinder sorgen konnte. Die Kindergartenleiterin hatte viel Verständnis für meine Umstände und half uns enorm. Den Jungs tat es ebenfalls gut, sie konnten dort viel lernen und ihren Wissensdurst stillen. Sie wurden sehr selbstständig, was auch mir zugute kam. Im Weiteren musste ich einen voll detaillierten Tages- und Wochenplan erstellen. Mit dem Bewusstsein, dass meine Koordination und mein «Bordcomputer» immer noch in einem unbrauchbaren Zustand waren, begab ich mich in die neue, alte Welt.

Ich war noch bis Februar voll arbeitsunfähig geschrieben. So lastete kein Druck auf mir. Und ein Gespräch mit meinem Arbeitgeber und sein Verständnis halfen mir, in diesem wichtigen Bereich keinen Stress zu haben.

Leider habe ich viele Menschen kennen gelernt, die ganz anderes über ihren Arbeitgeber berichten müssen. Die meisten verloren ihren Job. Wie kann man nur so grausam sein und einem Menschen den Boden unter den Füssen wegziehen, wenn er ohnehin nur noch auf einem Bein oder gar nicht mehr selber stehen kann? Und doch verstehe ich auch die Arbeitgeber. Ein Unternehmen ist eben keine soziale Einrichtung. Aber bis zu einem gewissen Grad sollte es doch eine soziale Verantwortung wahrnehmen. Ich hatte grosses Glück.

Höhen und Tiefen von Februar bis Juni

Endlich wieder zu Hause, verbrachte ich erst mal viel Zeit damit, von meinen Kindern zu erfahren, wie sie die letzten Wochen meiner Abwesenheit erlebt hatten. Es war mir wichtig, zu wissen, wie sie das abrupte Fortsein verkraften konnten. Dazu setzten wir uns in einem Kreis auf den Boden und jeder durfte der Reihe nach erzählen. Es tat allen gut. Mir fiel auf, dass sie damit besser klarkamen als ich. Erstaunt war ich vor allem darüber, wie selbstständig sie in dieser kurzen Zeit geworden waren.

Jan konnte mit vier Jahren auf einmal den Mikrowellenherd selber bedienen. Sie waren imstande, allein ihr Frühstück zuzubereiten, aufzutischen und abzuräumen. Abends zogen sie allein ihren Schlafanzug an, legten ihre Kleider sorgfältig zusammen und versorgten sie ordentlich. Mir wurde bewusst, dass sie so viel von selbst machten, weil sie merkten, dass ich mich nicht darum kümmern konnte.

Anfangs war ich voller Hoffnung und Tatendrang. Mein erstes Ziel war, die Mutterrolle wieder einzunehmen. Auch wenn ich ihre Eigenständigkeit schätzte, fand ich, dass sie in diesem Altern noch «Kind sein» sollten. Es war mir nicht recht, dass sie allein frühstücken und Aufgaben übernehmen mussten, die andere Kinder in diesem Alter noch nicht zu erfüllen hatten.

Ich nahm mir vor, das regelmässige Aufbautraining, das ich in der Klinik betrieben hatte, weiterzuführen, und liess mir eine Trainingsmatte schenken. Zudem ging ich ab sofort einmal in der Woche ins Fitnesscenter. In der Ergotherapie hatte ich Korbflechten und Seidenmalen gelernt, was mir unheimlich Spass machte. Ich kaufte mir das nötige Material und freute mich, es mit meinen Kindern weiterzuführen.

Diese Euphorie hielt leider nicht lange an. Entweder fehlte mir die Führung, die ich in der Klinik gehabt hatte, oder einfach der innere Antrieb. Ich erkannte, dass ich noch meilenweit davon entfernt war, gesund zu sein.

Die guten Ratschläge

Zu Hause wurde ich von meiner Umwelt ungefragt mit gut gemeinten Ratschlägen überhäuft. In meinem Burnout habe ich bemerkt, dass ich mich durch meine Verzweiflung mit allerlei Ratschlägen abgab. Aber sie taten mir nicht gut. Ich denke heute, meine Leute hatten einfach keine Ahnung, wie sie mit mir umgehen sollten. Das kann ich mir sehr gut vorstellen. Ich weiss manchmal auch nicht, wie ich mich bei einem behinderten Menschen verhalten oder wie ich einem Menschen mit einer Depression begegnen soll. Das hat mir manchmal auch Schwierigkeiten bereitet.

Eigentlich ist das logisch. Ich weiss zum Beispiel nicht, wie ich mit einem Rollstuhlfahrer umgehen soll, weil ich eben noch nie mit einem Rollstuhlfahrer zu tun hatte. Das richtige Verhalten herausfinden kann ich nur, wenn ich ihn frage. Denn nur er weiss, wie es ihm am wohlsten ist. Und so war es auch bei mir.

«An deiner Stelle würde ich auf jeden Fall mal aufhören zu rauchen», riet mir eine Bekannte. Punkt. Da war sie wieder. Diese Aggression in meinem Innern.

Ja klar, hör doch einfach damit auf. Logisch. So einfach war es aber nicht.

Nicht rauchen, das konnte ich jahrelang einwandfrei. Rauchen schadet meiner Gesundheit, es stinkt, es kostet und was auch immer schlecht daran ist. Ich wurde wütend, alles kam wieder hoch. Obwohl es wahrscheinlich die kleinste Sorge war, die ich hatte. Nur wusste das meine Bekannte nicht.

Sie hat es ja nur gut gemeint.

Sie hätte mir helfen können, wenn sie mich gefragt hätte, bevor sie mir einen Ratschlag erteilt, der mir wohlbekannt war und den ich nicht befolgen konnte. Meine Unfähigkeit wurde mir sofort wieder bewusst und schmetterte mein Selbstwertgefühl wieder meilenweit in die Tiefe. Ich habe den Hang zu übertreiben. Wenn es mir gut geht und wenn es mir schlecht geht.

Ich würde heute anders mit Menschen in einer Depression umgehen. Ich würde meine Wahrnehmung offen schildern. «Mir ist aufgefallen, dass du heute viel mehr rauchst als vorher. Und weil du damals sagtest, dass du das Rauchen nicht gut findest, meine ich, dass du jetzt wirklich zu viel rauchst.»

Wenn sie mir das auf diese Weise gesagt hätte, hätte ich nur sagen können: Ja, du hast Recht. Ich hätte mich verstanden gefühlt. Und ich hätte es annehmen und darauf antworten können.

Wenn sie mir also hätte helfen wollen, hätte sie sagen können: «Janine, ich helfe dir dabei.» Oder: «Ich kenne eine Adresse für dieses Problem.» Oder sie hätte auch verstehen können, dass es damals für mich wirklich die kleinste Sorge war. So aber sorgte sie nur dafür, dass ich mich noch mehr schämte.

Das Unverständnis meiner Umwelt mir gegenüber belastete mich stark. So glaubten nur wenige, dass ich nicht einmal mehr fähig zum Kochen war. Man konnte sich gar nicht vorstellen, dass es mir nicht möglich war, eine Pfanne mit Wasser auf die Herdplatte zu stellen, um Wasser zu kochen. Dann Spaghetti einzuwerfen, und fertig ist das Menü. So einfach wäre es. Doch für mich war es anders. Wie hätte ich das jemandem erklären sollen. Ich verstand es ja selber nicht. Tatsache ist, ich konnte nicht einmal mehr Spaghetti kochen.

Obwohl mein Zusammenbruch bereits drei Monate zurücklag, gab es immer noch viele Tage, an denen mir mein Körper nicht gehorchen wollte. Ich konnte nichts mehr von ihm fordern. Ich war oft hilflos und vermochte meinen Alltag noch immer nicht ohne Hilfe zu meistern. Ohne meinen Tagesplan konnte ich unmöglich existieren. Ich musste alle zehn Minuten nachlesen, was ich denn jetzt genau zu tun hatte. Sonst wäre ich orientierungslos herumgeirrt. Das war eine weitere ADHS-Strategie, auch wenn es mir noch nicht bewusst war. So stand da zum Beispiel: «Kinder anziehen.» «Einkaufen gehen.» Oder: «Post erledigen.» Ich weiss, dass ich diese Dinge sonst nie gemacht hätte. Es ergab alles keinen Sinn mehr für mich. Also tat ich, was da stand – vorausgesetzt, ich konnte es. Denn das Ein- und Auspacken für das Wochenende, wenn die Kinder zu ihrem Vater fuhren, musste meine Praktikantin erledigen. Ich schaffte es nicht. Das Einkaufen übernahmen meine Mutter oder die Praktikantin. Nur schon die Vorstellung, in einen Laden zu gehen, war unerträglich für mich. Meine Kinder durften keine Freunde mit nach Hause nehmen, der Lärm hätte mich überfordert. Ich war sehr unzufrieden mit dieser Situation.

Es dauerte lange, bis ich mich wieder einigermassen gut fühlte. Es schien für mich ein elender Kampf von Verarbeitung, Neupositionierung und Änderung einiger meiner Einstellungen und meiner Lebensgewohnheiten zu sein. Wenn ich genau darüber nachdenke, muss ich zugeben, dass mein Kopf in meinem bisherigen Leben oft das Sagen hatte und nicht mein Gefühl. Ich muss mir eingestehen, dass andere Situationen, wo ich mich in meinem Leben genauso ausweglos fühlte wie vor meinem Burn-out, ebenfalls in einem Desaster geendet hatten. Mit siebzehn Jahren hatte ich einen ausweglosen Konflikt mit meinem Vater, der nach einem schweren Mofa-Unfall endete. Mit zwanzig war es wieder ein Konflikt mit meinem Vater, den ich nicht zu lösen vermochte. Diesmal hatte ich einen Autounfall mit Totalschaden und landete vier Tage im Krankenhaus. Diese Unfälle brachten dann die notwendigen Änderungen mit sich. Und so ging es mir danach wieder besser. Schade, dass es dazu einen Unfall brauchte.

> **Man kann es sich gar nicht vorstellen. Ich konnte nicht einmal mehr Spaghetti kochen.**

Hilfe von Freunden

Es kam oft vor, dass mir Freunde ihre Hilfe anboten, die ich aber selten annahm. Ich weiss, dass viele nicht verstanden, warum ich ihr Angebot ablehnte. Aber ich konnte mich einfach nicht mitteilen. Ich wusste gar nicht, wie ich meinen Zustand hätte erklären sollen. Ich bin sicher, richtig verstehen kann das nur jemand, der es durchgemacht hat. So ist es mit allem. Zudem hatte ich auch nicht das Bedürfnis darüber zu sprechen. Das tat ich ja laufend mit Fachleuten.

Als einmal eine gute Freundin spontan bei mir vorbeikam, liess ich sie unten an der Tür stehen, ich konnte sie nicht in meine Wohnung lassen. Vorher hatten wir uns wöchentlich gesehen, und jetzt hörten wir uns seit Monaten nicht mehr. Als sie mich sah, nahm sie mich in den Arm und sagte nur: «Was ist bloss aus dir geworden?» Wir weinten beide.

Ein anderer Freund sprach auf meinen Anrufbeantworter – ich nahm das Telefon nicht mehr ab –, dass er mit mir und den Kindern an einem Sonntagnachmittag ins Grüne fahren wollte. Er wusste, dass ich es allein nicht schaffen würde. Nichts hätte ich mir mehr gewünscht. Aber ich konnte nicht zusagen und rief nicht einmal zurück. Das tat ich sonst nie, mein Verhalten war mir fremd.

> **Als sie mich sah, nahm sie mich in den Arm und sagte nur: «Was ist bloss aus dir geworden?»**

Warum ich mich so verhielt, können Ärzte vielleicht bestens erklären. Ich konnte es nicht. Aber ich nahm es schlussendlich so an, wie es war. Mit allen Konsequenzen, etwa, dass sich meine Freunde vielleicht mit der Zeit von mir abwenden würden. Weil ich Hilfe ablehnte, ohne aber dankend abzusagen. Doch gute Freunde halten viel aus. Dies gab mir auch das Gefühl, «wertvoll zu sein».

Gerne hätte ich mir einen Mann an meiner Seite gewünscht, der mich diese ganze Zeit nur in den Armen gehalten hätte. Aber ich war unfähig, zu lieben und zu vertrauen.

Eine Vision

In den Tagen, als ich mich total überfordert fühlte, den Haushalt machte, die Kinder betreute und noch da hin- und noch dort hinsollte, stellte ich mir vieles vor.

Da war der Garten, der brachlag. Ich hatte keine Zeit dafür. Sprüche wie: «Du solltest noch die Sträucher schneiden», brachten mich gerade in Wut, weil ich es eben nicht konnte. Und Geld für einen Gärtner hatte ich ebenfalls nicht. Also lag er halt brach.

Der Holzschrank in der Küche war kaputt, und ich konnte ihn nicht flicken. Dafür brauchte es einen Schreiner. Aber ich kannte keinen und hätte ihn auch nicht bezahlen können. Also erinnerte mich das abgebrochene Holz jeden Tag an mein Versagen.

Das Licht im Gang ging nicht mehr, und ich konnte es nicht reparieren. Ich brauchte einen Elektriker. Aber wie bezahlen? Also blieb es eben defekt. All das machte mich total verrückt.

Ich kannte arbeitslose Menschen, die etwas hätten tun können. Aber sie waren eben arbeitslos. Ich hatte zu viel Arbeit und konnte sie nicht delegieren – ausser ich hätte dafür bezahlt.

Eine Vision half mir über die Zeit: Ich stellte mir vor, es gäbe eine Hilfsorganisation in meinem Dorf, die «Helfen» heisst. Auf jeden Fall waren alle Mitarbeiter und Mitarbeiterinnen dieser Organisation «momentan arbeitslose Menschen» in unserem Dorf oder Menschen, die gerne helfen wollten. Diese konnten sich von dieser Stelle einsetzen lassen. Da sie den Lohn bereits von der Arbeitslosenkasse erhielten oder nicht darauf angewiesen wären, müsste ich nur ihre Spesen und das Material bezahlen.

Ich habe oft von arbeitslosen Menschen gehört, dass ihnen der Sinn im Leben abhanden gekommen sei. Sie hätten morgens keinen Grund mehr aufzustehen. Manche, die berichteten, dass sie so gerne etwas tun würden. Arbeit gäbe es meiner Meinung nach genug. Es wären zudem Ausgaben, die ich mir leisten könnte, und ich müsste mich nicht ständig über die Dinge ärgern, die kaputt waren. Ich könnte noch viel davon erzählen, wie ich mir diese Organisation vorstellte, ganz detailliert war meine Vision.

Die Schuldfrage

Ich fragte mich, wer eigentlich Schuld an meinem Burnout hatte. Kann ich etwas dafür, dass ich zu viel gearbeitet habe? Ja, ich hätte Nein sagen sollen. Aber ich habe nur getan, was getan werden musste! Bin ich jetzt selber schuld? Kann ich etwas dafür, dass ich zwei IV-Kinder mit Geburtsgebrechen habe? Nein. Ist es Schicksal? Ist es vorbestimmt?

Also, wer war für meine Krankheit verantwortlich? Nicht meine Eltern, die mich erzogen haben. Die mir meine Verantwortung bis zu einem bestimmten Alter abgenommen hatten und dann vollumfänglich mir übergaben. Nicht meine Freunde und Freundinnen. Nicht meine Kinder. Nicht mein Arbeitgeber. Nicht die Einstellung anderer Menschen. Sondern ich allein. Dieses Wissen und diese Erkenntnis einmal richtig durchzudenken, befreite mich enorm von manchem Druck. Ich kann also selber entscheiden, ob ich mein Handeln richtig finde.

Ich kann entscheiden, was ich tun will. Erst jetzt konnte ich endlich anfangen, die Verantwortung über mein Leben richtig zu übernehmen, und musste nicht mehr andere Menschen dafür verantwortlich machen. Ich muss mich auch nur noch vor mir rechtfertigen und vor meinen Kindern. Durch diese Einsicht sah ich vieles anders und war meinem Ziel, frei zu sein, sehr viel näher. Ich habe mein Selbstwertgefühl verbessert. Ich bin endlich erwachsen geworden. Ich trage heute Verantwortung.

Eigentlich weiss ich gar nicht mehr, weshalb ich mich so lange gesträubt hatte, erwachsen zu werden. Nur, wie konnte ich während meiner Krankheit Verantwortung über meine Kinder übernehmen, wenn ich sie nicht einmal für mich übernehmen konnte? Und wer sagt, dass nur ich allein die Verantwortung dafür übernehmen muss? Sie haben ja auch einen Vater.

Ich habe es immer verurteilt, wenn Frauen ihre Männer nach der Scheidung als blossen Geldgeber für die Kinder sehen und nicht mehr akzeptieren wollen, dass sie vielleicht auch gerne Vaterpflichten erfüllen. Und das nicht nur an jedem zweiten Wochenende. Ich habe nach meiner Trennung einige Männer kennen gelernt, denen es so ergangen ist. Manche versuchten sich gar umzubringen. Unser System ist nicht immer gerecht.

Aber ich habe anderseits auch festgestellt, dass ich mit unserem System nicht erreichen kann, dass ein Mann seine Verantwortung als Vater – und nicht nur als Geldgeber – wahrnehmen muss. Nein, es wird erzählt, dass ich sogar froh sein müsse, dass der Vater die Kinder wenigstens alle zwei Wochen zu sich nimmt. Danke. Das kann für mich nicht die richtige Lösung sein. Und da ich auch gelernt habe, dass wir alle keine Richter sind, masse ich mir auch nicht an, über andere richten zu wollen. Im Endeffekt muss ich am Ende meines Lebens selber verantworten, ob ich für mich das Richtige getan habe. Und so werden es auch die anderen müssen. Ich musste lernen, mir nicht immer über andere Gedanken zu machen.

Obwohl ich kleine Fortschritte in der Genesung machte, musste ich meine Zielsetzung – was die Wiederaufnahme der Arbeit betraf– immer wieder anpassen. Am Anfang waren es zwei Wochen Absenz. Dann zwei Monate. Es wurde April. Dann Juni. Dann Juli. Mit der Zeit gab ich mich geschlagen und versuchte, zu akzeptieren, dass es eben so lange dauern würde. Geduld war noch nie meine Stärke. Es dauerte schliesslich elf Monate, bis ich wieder vollends gesundgeschrieben wurde. Hätte mir das einer vorher gesagt, ich hätte es nie geglaubt. Ich, der Fels. Ich, die Starke. Das war vielleicht einmal.

Glücklicherweise hatte ich wenigstens so viel Selbstvertrauen, dass ich nie grosses Selbstmitleid empfand. Ich liess mich auch nicht als Simulantin abstempeln. Ich musste nur lächeln, wenn mir jemand etwas unterstellen oder nicht glauben wollte. Denn ich hatte meine Erfahrungen. Und ich wusste, dass ich gebraucht werde. Ich glaube, nein, ich bin mir sicher, dass ich es ohne meine Kinder, meine Mutter und die vielen anderen Helfer und Helferinnen nie geschafft hätte. Ein soziales Netz ist für so eine Situation lebensrettend. Die Kinder liessen mich einen Sinn darin sehen, immer wieder aufzustehen. Manchmal wäre es einfacher gewesen, liegen zu bleiben. Für immer.

Allergie weg

Im April meinte ich, mein erstes Ziel, die Verantwortung für die Kinder wieder zu übernehmen, erreicht zu haben.

Nun war mein nächstes Ziel, mich langsam wieder in die Arbeitswelt zu integrieren. Ich startete mit einem 20-Prozent-Pensum. Dass es mir besser ging, hatte auch etwas mit meiner Tierhaarallergie zu tun. Auf einmal war sie weg. Seit 22 Jahren hatte ich auf diesen Augenblick gewartet. Ein Arzt in der Luzerner Höhenklinik erzählte mir, dass, wenn ich meinen Körper, Geist und meine Seele gesund machte, ich dann auch meine Allergien verlieren könnte. Und genau so war es auch. Unglaublich, wenn ich bedenke, wie viele Therapien für dieses Leiden ich besucht hatte. Und jetzt war sie weg. Mir standen auf einmal wieder meine Jugendträume offen. Ich konnte endlich ein Haustier haben oder mit Tieren arbeiten.

Eigentlich hätte ich am liebsten ein Freudenfest organisiert. Nur ging diese Freude in der Trauer unter. Denn nun musste Chantal wegen ihrer Schlafapnoe operiert werden. Ich verbrachte eine Woche mit ihr im Krankenhaus, wo ihr die Mandeln entfernt wurden. Es war nicht nur der Spitalaufenthalt, den ich nicht leiden konnte, es bedurfte wieder viel Organisationstalents. Ich musste für die Buben eine Betreuungsperson finden. Und dies möglichst kostenlos, da das Geld fehlte. Es war nicht einfach. Schliesslich konnte ich diese Zeit mit meiner Mutter und der Praktikantin überbrücken.

Der Ruin

Im Mai kam dann noch ein weiteres, absehbares Problem auf mich zu. Obwohl ich Geld verdiente und wir einen

Unterhaltsbeitrag erhielten, kam es zum finanziellen Ruin. Mein Monatsbudget für mich und die Kinder wurde regelmässig um rund 1000 Franken überzogen, wegen meines Burn-out hatte ich Mühe, den Überblick zu behalten. Der Schuldenberg nahm langsam Dimensionen an, die mich ergrauen liessen.

Hinzu kamen die nicht bezahlten Selbstbehalte der Krankenkasse von 1200 Franken in den ersten drei Monaten des Jahres. Oder die nicht geplanten 2500 Franken für den Montessori-Kindergarten, den ich selber bezahlen musste. Arztrechnungen waren der Hauptbestandteil der Zahlungen. Ich lief beinahe Amok. Wie sollte ich so meine Kinder grossziehen? Ich würde ihnen nie etwas bieten können.

Wenn sich meine Kinder etwas wünschten und ich ihnen sagen musste, dass wir uns das nicht leisten können, kamen sie oft mit ihrem Sparschwein, das nicht mehr als 10 Franken enthielt, zu mir und wollten es mir schenken. Sie sagten «Mami, das ist für dich, damit du wieder etwas Batzeli hast.» Ihre Hilfsbereitschaft berührte mich sehr.

Ich setzte mich mit meinen Ausgaben auseinander, obwohl ich in dieser Zeit lieber etwas anderes gemacht hätte. Das Auto konnte ich nicht weggeben, da ich es für meine Arbeit und für die zahlreichen Fahrten zur Therapie benötigte. Also blieb mir nichts anderes übrig, als beim Essen zu sparen. Teigwaren und Reis. Das führte

Ich fühlte mich vom ganzen Papierkrieg, den ich mit all den Ämtern führen musste, zusätzlich überfordert.

dazu, dass unsere Mahlzeiten nicht ausgewogen waren. Ich rechnete aus, dass ich in diesem Jahr über 20 000 Franken für Kinderbetreuung selber finanzieren musste. Und was war der Grund für diese hohen Kosten? Allein erziehend zu sein ohne Partner, der wahrscheinlich einiges an Arbeit abnehmen würde, Geburtsgebrechen von Chantal und Kay, unzählige Arzttermine, Hin- und Rückfahrten, Parkgebühren.

Manche Leute rieten mir, meinen Job aufzugeben, damit ich nicht so hohe Fremdbetreuungskosten hätte. Doch während meiner Krankheit hätte ich die ohnehin gehabt. Dazu kam, dass ich jedes Mal, wenn ich mit einem Kind in die Therapie oder ins Spital zu gehen hatte, für die anderen beiden jemanden anstellen musste. Und ohne mein Einkommen wäre ich zum Sozialfall geworden. Doch das wollte ich nicht sein. Hatte ich dafür so viele Ausbildungen gemacht und während Jahren so viel gearbeitet? Ich muss auch zugeben, dass ich, wenn ich nicht manchmal zur Arbeit hätte fahren können, wahrscheinlich schon vor Jahren zusammengebrochen wäre. Die dauernden Anfälle von Kay waren eine enorme Belastung für mich. Es war ein Teufelskreis. Ich war mir jedoch bewusst, dass ich irgendwann diese Situation ändern musste. Denn alle meine Verantwortungen waren einfach zu viel für mich.

Was konnte ich denn dafür, dass zwei meiner Kinder ein Geburtsgebrechen haben? Warum musste ich für derart viel allein aufkommen? Ist das so in unserem System?

Wenn ja, dann stehe ich selbstverständlich dafür gerade. Obwohl ich mir lieber einmal Ferien mit den Kindern gegönnt hätte. Kurz: Diese Kosten konnte ich mir schlichtweg nicht leisten. Wer soll das bezahlen?

Solche Fälle gibt es ja erstaunlich viele in der Schweiz. Es ist eben so, dachte ich.

Doch ich hatte nicht ganz Recht. Mein Arzt brachte mir die Lösung. Er schickte mich zum Hilfsverein für Psychischkranke des Kantons Luzern. Ich hatte bis dahin nicht gewusst, dass es so etwas gab. Anfangs erschütterte mich das total. War ich psychisch krank, weil ich eine Erschöpfungsdepression hatte?

Dennoch blieb mir nichts anderes übrig. Und die Leute vom Verein haben wirklich einen guten Teil von diesen Kosten übernommen und mir enorm geholfen. Zudem haben sie mir mit Pro Infirmis, einer Organisation für behinderte Menschen, und mit dem Schweizerischen Roten Kreuz eine Hilfe für die Kinderbetreuung organisiert. Ich fand, das Leben sei wieder einmal gerecht zu mir.

Die Bürokratie

Neben dem für mich belastenden Zeitaufwand, den die zahlreichen Therapien und Termine zur Folge hatten, machte mir der daraus entstehende Papierkrieg enorm zu schaffen. Ich musste Budgets für den Hilfsverein erstellen, Kay bei der Invalidenversicherung anmelden, mich um die Scheidung kümmern, Stunden- und Tagespläne erstellen, etliche Formulare ausfüllen, Zahlungen, Steuererklärung und was der Alltag eben noch so mit sich bringt. Abgesehen davon, dass ich die meisten dieser Aufgaben, wie zum Beispiel Kays IV-Anmeldung, nur unter Tränen zu Stande brachte, fühlte ich mich von solchen Arbeiten zusätzlich überfordert.

Die invalide Frau

Die Aussichtslosigkeit, aus dem finanziellen Ruin herauszukommen, und der Papierkrieg brachten mich wieder in eine totale Erschöpfung. Ich meinte, meine Kräfte verliessen mich jetzt endgültig. Mein damaliger Therapeut legte mir nahe, mich bei der Invalidenversicherung anzumelden. IV für mich? Da gingen bei mir alle Alarmglocken los. Unmöglich. Nein. Ich will nicht. Ich bin doch keine Invalide! Es sind doch schon zwei meiner Kinder bei der IV! Jetzt soll auch ich invalid sein?

Durch diese Anmeldung «offiziell» als invalid gestempelt zu sein, das konnte ich nicht zulassen. Die invalide Frau. Diese Vorstellung killte mich. Ich war doch einmal so lebendig gewesen und voller Energie. Für kurze Zeit spürte ich enormen Hass. Letztendlich hatte ich ja so viel zugelassen und zahlte jetzt einen hohen Preis dafür. Ich einigte mich mit meinem Arzt darauf, den IV-Entscheid erst Ende September zu fällen. Mein Kampftrieb stellte sich wieder ein. Und das war gut so. Ich habe den Schritt zur IV nie gemacht.

Müssen die Kinder ins Heim?

Natürlich durchlebten meine Kinder während dieser Monate ebenfalls eine schwierige Zeit. Ich war lange unfähig, mich überhaupt auf sie zu konzentrieren. Ich spürte ihr Leiden. Das machte mich zusätzlich fertig.

Im Juni hatte ich die akutesten finanzielle Probleme gelöst. Aber ich fand immer noch keine Kraft und kam einfach nicht aus meiner Isolation heraus.

Eine Lösung wäre gewesen, die Kinder für ein paar Jahre in die Obhut ihres Vaters zu geben. Auch wenn es verlockend war, wieder so viel Zeit für mich zu haben, ich konnte es nicht. Es hätte meinem Leben den Sinn genommen. Das Einzige, was mich weiterleben liess. Eine andere Variante war das Kinderheim. Diese Vorstellung schien mir aber noch unerträglicher. Bitte nicht. Das kann ich nicht zulassen. Eine weitere Möglichkeit war noch ein erneuter Aufenthalt in der Klinik, wo ich mich auf mich hätte konzentrieren können. Doch ich war schon zweimal dort gewesen. Hätte ein dritter Aufenthalt wirklich grundlegend etwas geändert? Schliesslich wollte ich hier zu Hause funktionieren. Ich verstand nicht, weshalb ich keine umfassende finanzielle Unterstützung für eine Betreuungsperson zu Hause erhielt, das Kinderheim jedoch bezahlt würde.

Glücklicherweise durften dann die Kinder für drei Wochen zu ihren Grosseltern in die Ferien gehen.

Ich erklärte ihnen die Situation in einer Art, dass sie es verstehen konnten. Und ich versprach ihnen, dass Mami nicht noch einmal weggehen würde. Das würde ich nicht zulassen. Von da an kam eine unglaubliche Harmonie in unsere Familie. Die Kinder wurden zunehmend ruhiger. Und ich immer gelassener.

> **Mir blieb nichts anderes übrig, als beim Essen zu sparen. Teigwaren und Reis.**

4. KAPITEL

Juli: Diagnose ADHS

Obwohl nun die Kinder für drei Wochen weg waren und ich von einem guten Freund für eine Woche ans Meer eingeladen wurde, kamen meine Lebensgeister nicht zurück. Ich konnte mir nicht erklären, warum ich, obwohl ich nun Zeit hatte, diese nicht sinnvoller einsetzte. Ich hätte spazieren gehen können oder mit Freunden in den Ausgang. Ich hätte alles tun können, was mir Spass macht. Aber nach den Ferien verkroch ich mich zu Hause und überlegte, wie unsere Zukunft aussehen könnte. Ich hatte wieder einmal die Nase gestrichen voll vom Leben. Ich vermutete langsam, dass da noch etwas anderes sein musste als «nur» das Burn-out. Als ob das nicht schon gereicht hätte.

Meinem damaligen Gesprächstherapeuten fiel zwar auf, dass ich dauernd auf Hochtouren lief. So sagte er einmal: «Sie kommen mir vor, wie wenn Sie in einem Rennauto durch das Leben rasen, und ich komme bestenfalls mit dem Fahrrad hintennach.» Aber er hatte zu wenig Wissen über ADHS im Erwachsenenalter und konnte mir diesbezüglich nicht weiterhelfen. Durch die Kenntnisse, die ich durch die ADS meines Sohnes erlangt hatte, vermutete ich, dass auch ich darunter leiden könnte. Deshalb machte ich mich auf die Suche nach einem neuen Gesprächsarzt. Und so kam ich zu meiner heutigen Therapeutin, Therry Rotherham, die sich mit ADHS bestens auskannte. Eine ihrer ersten Aussagen erschreckte mich zutiefst: Eigentlich sei sie erstaunt, dass ich nicht vorher mit ADHS in Verbindung gebracht worden sei. **Denn viele Patienten mit ADHS, die sie bis anhin behandelt hatte, hätten im Alter zwischen 30 und 45 Jahre ein Burn-out gehabt!** Der Grund dafür sei, dass ich mit meiner Hyperaktivität dauernd auf Hochtouren lief, meine Grenzen nicht spürte, nicht entspannen konnte, zu wenig schlief und deshalb irgendwann in eine komplette Erschöpfung gelangen musste.

Sie hatte Recht, es war mir jedoch nie richtig bewusst gewesen. Bei mir konnte nichts warten. Alles musste sofort erledigt werden. Wenn ich mir zum Beispiel vornahm, den Estrich aufzuräumen, dann arbeitete ich daran, bis ich fertig war, auch wenn es 15 Stunden dauerte. Unaufhörlich arbeitete ich dann an einem Projekt bis spät in die Nacht hinein, vergass zu essen und merkte meine Müdigkeit nicht. Da ich mir immer zu viel vornahm, kam ich oft in einen Engpass.

Ich hatte auch die Veranlagung, dass ich mehrere Arbeiten gleichzeitig erledigte statt nacheinander. Erst mit Antidepressiva und dann mit Ritalin konnte ich mir angewöhnen, ruhig eine Aufgabe nach der anderen fertig zu machen, was mir mittlerweile auch ohne Medikamente gelingt. Auf einmal schien mir alles sonnenklar. Die Erkenntnis, dass Eigenarten von mir, wie Hyperaktivität, emotionaler Überschwang und so weiter, über die sich viele Lebensbegleiter beklagten (manche mochten sie aber auch), bei mir durch die ADHS erklärbar sind, tat mir gut. Ich hatte lange unter dem Unverständnis anderer Menschen für meine Andersartigkeit gelitten. Jetzt hatte ich einen Namen dafür.

Wie hätte ich wissen können, dass meine Auffassungsgabe und meine Gefühlswelt wegen der ADHS anders gesteuert sind? Jetzt konnte ich zum Beispiel meine Schwierigkeiten in Bezug auf Nähe und Distanz erklären.

Ich fühlte mich zum ersten Mal verstanden. Denn jetzt hatte diese Andersartigkeit einen Namen – ADHS –, und ich wusste endlich, dass ich bei weitem nicht die Einzige war, die daran litt. Dies half mir, allmählich aus meiner Isolation herauszukommen.

Wer schon Bekanntschaft mit meiner Euphorie gemacht hat, weiss am besten, was ich damit meine. Es ist diese Kraft. Es ist dieses Ziel, dieser Wunsch, dem ich mit Euphorie entgegengehe. Zielgerichtet, schnurgerade, willensstark und ohne Wenn und Aber. Diese Intensität wirkte sich auch auf meinen Wortschatz aus. Einmal sagte jemand: «Dein Wortschatz, so könnte man meinen, besteht nur aus fünf Wörtern. Nämlich: mega, giga, super, genial, hyper.» Eine Sprache der Superlative.

Aber so empfinde ich die Dinge nun einmal.

Ich konnte mich meinen Mitmenschen endlich erklären. Musste aber auch vernehmen, dass manche, vor allem diejenigen, die mich nur selten sahen, mit meiner Euphorie nicht klarkamen. So sagte mir jemand: «Jedes Mal, wenn ich dich besuchte, warst du von etwas total begeistert, und es schien, als ob das gerade das Wichtigste für dich im Leben ist. Das nächste Mal sprachst du jedoch kaum noch davon, und du hattest bereits wieder eine neue Euphorie. Ich konnte dich manchmal gar nicht mehr ernst nehmen.»

Ich will diese Eigenart nicht weggeben oder mit Ritalin ersticken. Aber ich werde versuchen, in Zukunft einfach etwas vorsichtiger und besser damit umzugehen. Schön ist, dass ich mich heute noch völlig unbeschwert für etwas begeistern kann.

Nun musste ich zuerst einmal diese vielen neuen Informationen verdauen. Ich fragte mich, wie Erwachsene mit ADHS umgehen – die, wie ich, nur sehr angestrengt imstande sind, Zeitungen oder Bücher zu lesen, fernzusehen oder Nachrichten zu hören, weil sie diese Informationsflut gar nicht verarbeiten können?

Wer ich wirklich bin

Damit Sie sich ein besseres Bild machen können, wie ich denke und fühle und wie ich auf meine Umwelt wirke, werde ich meine Person etwas näher schildern. In den Augen meiner Mitmenschen war ich: aufgestellt, fröhlich, spontan, ideenreich, mitreissend, attraktiv, energiegeladen, witzig, vertrauenswürdig, für alles zu haben, lässig, intelligent, der Fels in der Brandung, vielseitig vom Waldfest bis zum Galadinner, positiv und lebensfroh.

Ich hingegen fand mich tiefgründig, sensibel, scheu, offen, durchschnittlich – obwohl ich die Wirkung meiner Ausstrahlung nicht leugnen konnte. Wenn es mir gut geht und ich mich glücklich fühle, ist meine Ausstrahlung gewaltig. Wenn es mir schlecht geht, natürlich nicht.

Oft hatte ich mit Unterstellungen zu kämpfen wie: «Du überspielst alles. Spielst die Fröhliche, dabei geht es dir schlecht.» So war es aber nicht. Ich bin keine Schauspielerin und keine Heuchlerin. Auch wenn ich viele Herausforderungen zu meistern habe, ich kann mich dennoch über vieles herzlich freuen.

Ich dachte immer, man sieht mir sofort an, wie es mir geht. Ich fühlte mich wie ein offenes Buch. Und so berichtete ich auch immer sehr offen über mich. Aber nur, wenn ich gefragt wurde.

Dass offene Menschen mehr verletzt und angegriffen werden können, liegt auf der Hand. Die Einstellung, zu der ich durch das Burn-out kam, war aber nicht die Absicht, mich von nun an der Umwelt zu verschliessen, obwohl ich das monatelang tat. Im Gegenteil, mich so einstellen und abgrenzen zu können, dass ich durch meine Offenheit nicht verletzbar bin. Es ist mir heute nicht mehr so wichtig, was gewisse Leute von mir halten.

Ich zähle mich auf keinen Fall zu den Jammerlappen. Das sind für mich Menschen, die nur über ihre Probleme berichten können. Jammern, jammern, jammern. Und am Schlimmsten sind diejenigen, die auch nichts in ihrem Leben ändern würden. Jammern ist einfach, Ändern nicht. Ein Arzt sagte mir einmal: «Menschen, die dauernd jammern oder an anderen rumnörgeln oder über alles lästern, sind unzufrieden mit sich selbst.» Ich denke genauso.

Ich gehöre eher zu denen, die monatelang nichts mehr von sich hören lassen, weil es ihnen schlecht geht. Da ich in dieser Zeit nur mit meinen Problemen beschäftigt war, konnte ich auch nichts anderes mitteilen. Abschalten konnte ich ebenfalls nicht. Es war mir zuwider, meinen Leuten von meiner Situation vorzujammern. Also tat ich es nicht. Schliesslich hat jeder seine eigene Bürde zu tragen. Natürlich hatte ich meine Mutter und ein, zwei Personen, denen ich mich anvertraute. Mehr Leute wollte ich nicht einbeziehen.

Da ich erst jetzt herausgefunden habe, dass ich auch in der Jugend ADHS hatte, traf ich mich mit Leuten, die mich von damals kannten. Sie gaben mir Aufschluss darüber, wie sie mich damals empfunden haben, und es passte alles zusammen. Ich hatte als Kind und Jugendliche eindeutig ADHS, die Störung hat sich im Erwachsenenalter nicht herausgewachsen.

Ich fühlte mich zum ersten Mal verstanden. Denn jetzt hatte diese Andersartigkeit einen Namen: ADHS.

Einige Aussagen von Bekannten und meine Antworten:

Aussage einer Frau, die seit 20 Jahren mit mir befreundet ist: «Damals bist du in der Disco wegen einer Bagatelle so ausgerastet. Ich fand das ziemlich übertrieben.»

Meine Antwort: Ich spüre dieses Gefühl heute noch in mir hochkommen. Manchmal explodierte ich einfach und hatte nichts mehr unter Kontrolle.

Aussagen einer Frau, die seit 18 Jahren mit mir befreundet ist: «Du warst immer so euphorisch. Ich konnte dich manchmal gar nicht mehr ernst nehmen.»

Meine Antwort: Ich ging Dinge ein, von denen andere schon längst wussten, dass sie zum Scheitern verurteilt waren. Ich musste sie dennoch eingehen.

Aussagen eines Mannes, der seit 16 Jahren mit mir befreundet ist: «Du bist für mich ein ganz besonderer Mensch wegen vieler deiner Eigenschaften. Deine starke Ausstrahlung fasziniert mich. Deine lesenden Augen, die deinem wachen Geist buchstäblich Sehkraft verleihen, sind mir sofort aufgefallen.»

Meine Antwort: Wie schön zu hören.

Aussage eines Mannes, mit dem ich seit fünf Jahren befreundet bin und zusammengearbeitet habe: «Du bist eine Bereicherung für mich und den Betrieb. Von deinen immensen Schwierigkeiten, den familiären und finanziellen Problemen bekam ich damals nichts mit. Obwohl ich denke, dass ich Menschen ziemlich gut beurteilen und einschätzen kann. Man merkte es dir nicht an.»

Meine Antwort: Meine privaten Probleme gehörten nie mit an den Arbeitsplatz. Und da gefiel es mir eben.

Aussage: «Du kannst von einer Minute auf die andere deine Pläne über den Haufen werfen oder deine Meinung ändern. Ist man selber nicht flexibel genug, kann einen das überfordern.»

Meine Antwort: ADHS.

Aussage: «Du bist keine Disziplinfanatikerin.»

Meine Antwort: Das ist wahr.

Aussage «Ich weiss nicht, ob eine Beziehung mit jemandem, der nicht auch an ADHS leidet, für dich überhaupt stimmen kann.»

Meine Antwort: Das weiss ich auch nicht. Die Liebe war schon immer ein Problem für mich.

Vom Stundenplan überfordert

Als ich im Sommer die Schulstundenpläne meiner Kinder erhielt, starrte ich sie minutenlang an und überlegte, wie ich sie bloss mit meinem eigenen Stundenplan unter einen Hut bringen sollte. Ich konnte es nicht. Und ich redete auch mit niemandem darüber. Schliesslich war ich ja Marketingplanerin und plante die ganze Zeit im Job. Aber zu Hause war ich einfach nicht fähig dazu.

Das erste Buch, das ich über Erwachsene mit ADHS las, *Den Gefühlen ausgeliefert* von Doris Ryffel, zeigte mir sehr deutlich, woran ich in den letzten Jahren als Mutter und Ehefrau so sehr gelitten hatte, ohne es zu wissen. Es waren die Routineaufgaben. Die verschiedenen Stundenpläne. Dauernd organisieren zu müssen. Es erdrückte mich. Ich kam nicht klar damit.

Es war eine der ersten Besprechungen mit meiner ADHS-Therapeutin. Ich erzählte ihr von meinem Alltag, davon, was ich so alles zu planen und bewältigen hatte. Sie fragte mich: «Wie machen denn Sie das mit den Stundenplänen?» Sie können sich nicht vorstellen, was diese Frage bei mir auslöste: Was? Die versteht das? Das kann also tatsächlich vorkommen? Das hat etwas mit meinem ADHS zu tun? Es ist so gut, dass ich jetzt eine Erklärung dafür habe.

Es war gar nicht so unwahrscheinlich, dass ich im Job planen konnte, privat aber nicht. Als Marketingplanerin hatte ich es gelernt. Aber als Haushaltsplanerin verfügte ich über keine Kenntnisse. Was mir nun sofortige Erleichterung verschaffte, war, dass ich das gelernte Businessplanen auch zu Hause anwendete. Mit Erfolg.

Positive Einstellung

Für mich konnte ein schönes Ereignis, auch wenn es nur ein kurzes Gespräch auf der Strasse mit einem netten Menschen war, ein ganzes Buch an Gefühlen liefern. Das war schon immer mein Akku. Ich war und bin ein sehr aufgestellter Mensch, der vielleicht für die heutige Welt viel zu optimistisch ist. Das ist eine Eigenart, die ich auch nach langem Prüfen niemals ändern will.

Optimistisch. Positiv. Fröhlich. Strahlend. Pulsierend. Das bedeutet Leben für mich.

Und ich habe auch erkannt, dass ich mit meiner positiven Einstellung viele begeistern und mitreissen kann und dass sie mich im Leben weiterbringt.

An einem Texterseminar in Zürich hätte mir meine «Andersartigkeit» eigentlich schon vor 16 Jahren auffallen müssen.

Der Dozent fragte uns: «Wer von euch liest morgens früh schon die Zeitung?»

Und alle haben die Hand hochgehalten. Nur ich nicht. Aber das sah man im Meer der hochgereckten Arme natürlich nicht. Also überlegte ich, ob ich nicht doch auch die Hand hochhalten sollte. Wohlwissend, dass Informiertheit für eine richtige Marketingplanerin absolut ein Muss war. Denn wer marktgerichtet arbeiten will, sollte auch marktinformiert sein. Aber ich tat es nicht. Der Dozent konnte natürlich nicht alle hochgehaltenen Hände zählen. Also bat er diesmal nur diejenigen die Hand hochzuhalten, die am Morgen keine Zeitung lesen. Da kam ich zum Zug. Und wie. Ich war wirklich die Einzige. Sämtliche Teilnehmer drehten sich um und richteten ihre erstaunten Blicke direkt auf mich. Und da ich es gar nicht gern habe, wenn ich im Mittelpunkt stehe, können Sie vielleicht verstehen, dass ich am liebsten in Grund und Boden versinken wollte. Und die Blicke sagten mir, so dachte ich auf jeden Fall damals: Was ist das für eine unerfahrene, naive Person? Dummchen.

Aber der Dozent stolzierte direkt auf mich zu und sagte: «Ich gratuliere Ihnen.» Perplex und überrascht von dieser Aussage war nicht nur ich, sondern auch alle anderen im Saal. «Und wissen Sie warum?», fuhr er fort. «In den Zeitungen steht vorwiegend Negatives. Und wenn ihr nicht schon am Morgen eure frisch geladene Batterie mit negativen Energien entladen möchtet, dann tut das nicht mehr. Wenn ihr die Zeitung lesen wollt, wäre es besser am Abend.»

Und ich fühlte mich unglaublich stolz, dass ich mich nicht verleugnet hatte und zu mir gestanden war. So bin ich eben. Was sie aber immer noch nicht wussten, ist, dass ich gar keine Zeitung lese. Die einzige Zeitung, die ich anschauen kann, ist der *Blick*, weil er viele Bilder zeigt, ich lese höchstens die dicke Überschrift. Kleingedrucktes hat mich noch nie interessiert. ADHS gibt dafür eine

Erklärung. Und überhaupt: Was nützt es mir, wenn ich traurige Bilder eines Flugzeugabsturzes ansehe, wenn ich ohnehin nichts daran ändern kann?

Da ich fand, dass in der Zeitung und den Nachrichten wirklich vorwiegend Negatives vermittelt wird und ich ohnehin mit dieser grossen Informationsflut fast nicht umgehen konnte, wollte ich es auch gar nicht wissen.

Ich bin noch heute der Überzeugung, dass eine Zeitung oder besser eine Zeitschrift, die positive oder brisante Themen vermittelt, eine begeisterte Leserschaft finden würde. Denn es gäbe so viel Positives zu vermitteln, das in unserer Welt geschieht, wie eine Geburt, ein Lebensanfang und nicht der Tod. Texte und Bilder, die traurigen Menschen eine Perspektive und Hoffnung geben, damit sie sich nicht mehr isoliert fühlen müssen.

Die Idee, eine positive Zeitschrift zu lancieren, prallte bei allen Geschäftsleuten ab, mit denen ich darüber sprach. Als Grund für die Ablehnung hörte ich oft: Die Menschen wollen Spektakel. Einen Todesfall, am besten noch Mord, das ist, was die Leute lesen wollen. Menschen sind sensationsgeil. Das sagen viele, also muss es wohl so sein. Und doch kann ich nicht glauben, das es so ist.

Nähe und Distanz

Mein Verhältnis zu Nähe und Distanz war auffallend. Ich konnte am Abend die Liebkosungen meines Partners mit

Wenn ich meine Kinder lachen sah, konnte ich einen Moment lang meine Sorgen vergessen.

Genuss annehmen, und am anderen Morgen widerten sie mich an. Ich schmuste gerne, aber nur, wenn ich es wollte. Auf unerwünschte Berührungen reagierte ich oft überempfindlich. Dieser Umstand hat nicht nur mich beschäftigt, sondern auch meinen Partner. Doch ich wusste nicht, warum das so war. Wir hatten auch oftmals Kommunikationsschwierigkeiten. Manchmal erzählte ich etwas schnell und für ihn anscheinend unverständlich, da ich mit meinen Gedanken bereits weiter war. Ich vergass ganze Gegebenheiten zu schildern, da sie für mich klar waren. Er hielt mir vor, dass ich nicht zuhöre und dass er die gleichen Dinge immer wiederholen müsse und ich sie dennoch nicht begriff. Wahrscheinlich haben wir uns einfach nicht verstanden. Ich betrachtete mich deshalb als beziehungsunfähig.

Wenn wir drei Tage mit mehreren Menschen ein langes Wochenende in einem Ferienhaus verbrachten, fühlte ich mich bereits am zweiten Tag eingeengt und musste mich oft zurückziehen. Ich betrachtete mich deshalb als gruppenunfähig. Ich suchte lange nach einer Erklärung und fand sie nicht. Erst seit ich von ADHS weiss, habe ich eine Antwort gefunden. Ich bin weder beziehungs- noch gruppenunfähig.

Die Kinder

Meine drei reizenden Kinder haben unglaublich viel Energie, viele Fragen und sind super aktiv. Kay mit seiner ADS war die letzten drei Jahre sehr anstrengend und intensiv. Ich sagte ihm beispielsweise zum zehnten Mal, dass er sich jetzt endlich anziehen solle. Leider kann er das nicht selbstständig tun. Zu gross sind die vielen Ablenkungen auf seinem Weg ins Kinderzimmer. Zudem kann er sich auch gar nicht darauf konzentrieren.

Ich weiss mittlerweile, dass es keinen Sinn hat, mich darüber aufzuregen, dass er sich auch nach dem zehnten Mal sagen noch immer nicht anziehen geht. Ich erreiche mein Ziel nur wortlos. Ich begleite ihn in sein Zimmer und lege ihm die Kleider hin. Dann geht alles von allein. Zudem habe ich gelernt, dass meine Art, ihn zu sehen, sein Verhalten beeinflusst. Er spiegelt mich. Früher nahm ich auf ihn viel mehr Rücksicht als auf die anderen Kinder, ich nahm ihn als hilfebedürftiger wahr und dachte oft, er könne dieses oder jenes nicht. Heute habe ich damit aufgehört. Ich denke über ihn gleich wie über seinen Bruder. Ich habe die gleichen Erwartungen. Und er kann es! Wahrscheinlich wäre das vorher nicht gegangen. Aber heute, nach drei Jahren Therapie ist es ihm möglich. Und ich bin glücklich darüber.

Ich diskutierte oft mit Therapeuten über die spezielle Konstellation: Zwillinge, von denen einer ADS hat und der andere nicht. Bestimmt hat es Kay schwer, jeden Tag zu sehen, dass Jan vieles Alltägliches wie Sprechen oder Fahrradfahren wesentlich schneller beherrscht. Und andererseits hat er mit Jan und Chantal auch Kinder um sich, die mit ihm spielen und lernten, mit ihm umzugehen. Andere Kinder wollten nicht mit ihm spielen, weil er oft grob war und haufenweise Wutausbrüche bekam. Verständlich für mich, aber es stimmte mich doch sehr traurig.

Jan ist wissensdurstig und fragt mich die ganze Zeit tausend Dinge. Er hat eine unglaublich schnelle Auffassungsgabe, und es wurde mir bewusst, dass ich als Kind genauso gewesen war. Er ist extrem lebenshungrig und meint, er müsse sich bereits mit den Zweitklässlern vergleichen. Eine hohe Messlatte. Er fordert sich dauernd selbst heraus. Aber er ist clever und nimmt Niederlagen gelassen hin. Seine Montessori-Betreuerin meinte sogar, dass er hochbegabt sei. Bei unserer Familie erstaunt mich eigentlich gar nichts mehr. Er ist mit seiner Fröhlichkeit und seiner Gesundheit das einzige Kind, das mir keine grossen Sorgen bereitet.

Chantal ist ebenfalls noch nicht selbstständig und fordert dauernd meine Aufmerksamkeit. Sie ist extrem empfindsam. Sie fühlt einfach alles. Das war oft schwierig für mich, denn ich wollte nicht, dass sie merkt, wie schlecht es mir ging. Sie ist dazu noch enorm empfindlich und weint beim kleinsten Tadel. Viel zu oft für mich. Auch sie hätte ein dickeres Fell nötig.

So viele verschiedene Charaktere in einer Wohngemeinschaft. Und dann noch in einer Harmonie leben zu können? Das ist schon eine Herausforderung für mich, da ich manchmal gern allein bin. Heute denke ich, der Grund, dass ich früher keine Kinder wollte, war, dass ich instinktiv wusste, dass ich mit dieser Verantwortung Mühe haben würde. Und weil ich wahrscheinlich Angst vor dem Gebundensein oder der Abhängigkeit hatte. Heute weiss ich, dass mich diese alltägliche Routinearbeiten absolut überfordern.

Ich umschrieb unsere Situation in meiner Depression folgendermassen: «Ich weiss jetzt, was mich bei den Kindern so überfordert. Das ewige Gebrüll von Kay. Das Getrotze von Jan. Das zickige Getue von Chantal. Da bin ich überfordert. Dazu kommt noch ihr ständiges Gestreite. Das halte ich nicht aus. Arbeiten ist Erholung. Das schaffe ich nicht allein. Die Kinder wollen bei mir bleiben und ich bei ihnen. Wir lieben uns enorm. Gibt es da Hilfe? Ich breche zusammen. Ich habe es nicht gesehen, habe den Fehler immer bei mir gesucht. Ich dachte, ich hätte schwache Nerven. Tatsache ist aber, dass es wahnsinnig ist, drei Kinder in diesem Alter allein zu erziehen.»

Erziehung ist die anspruchsvollste Aufgaben, die ich je hatte. Hier habe ich Verantwortung über Leben und Tod, das Kind könnte ertrinken oder es könnte auf der Strasse überfahren werden. Zudem dauert dieser Job 24 Stunden. Tag für Tag, Jahr für Jahr. Ich finde, allen Müttern gebührt viel mehr Anerkennung für ihre unglaubliche Aufgabe.

Es ist so traurig, dass ich sagen muss, dass ich heute dank der Trennung von meinem Mann mehr Freizeit habe als vorher. Jedes zweite Wochenende gehört mir zur Erholung.

Die Geschichte mit dem Stoff

Bei einer Besprechung mit meiner ADHS-Therapeutin erzählte sie mir die Geschichte von der Frau mit dem Stoff, die mein Dilemma genau auf den Punkt bringt.

«Eine Frau fragte um Rat, was sie nur tun solle. Nun bewahre sie schon seit zehn Jahren einen Stoff auf, den sie, wenn sie endlich zehn Kilo abgenommen habe, zu einem wunderschönen Kleid verarbeiten beabsichtigte.»

Die Therapeutin fragte mich, was ich dieser Person raten würde. Und ich sagte ihr, dass sie den Stoff endlich fortwerfen sollte! Denn ich glaube nicht, dass diese Person, wenn sie es zehn Jahre nicht geschafft hat, jemals abnehmen würde. Also musste in meinen Augen der Stoff weg. Denn wenn sie ihn dauernd ansehen musste, würde sie diesen anscheinend unerreichbaren Wunsch ständig vor Augen haben. Die Therapeutin schaute mich ernst an und sagte: «Falsch! Eben das ist ja gerade Ihr Problem!»

Nein, sie riet dieser Frau, sie solle diesen Stoff heute noch zu einem schönen Kleid in der ihr heute passenden Grösse verarbeiten. – Später könnte sie das Kleid ja einnehmen, dachte ich spontan.

Was für eine gute und einfache Lösung!

Es ist traurig, dass ich sagen muss, dass ich heute dank der Trennung von meinem Mann mehr Freizeit habe.

Mein Problem war mein Dilemma mit dem «Ist» und dem «Soll». Ich war zu diesem Zeitpunkt so unzufrieden mit meinem Ist-Zustand, dass ich mir von morgens bis abends Vorwürfe machte. Ich wollte Sport treiben, nicht rauchen, abnehmen, keine Medikamente mehr nehmen, fröhlich sein, ausgehen, mein soziales Umfeld pflegen und noch vieles mehr. Doch zwischen Wollen und Können lagen Welten. Diese ständige innere Unruhe und die totale Unzufriedenheit begleiteten mich schon mindestens drei Jahre.

Am schlimmsten war, dass ich vorher nicht genau sagen konnte, woher sie kam. Sie ging einfach nicht mehr weg. Laufend versuchte ich, Dinge zu beschönigen, weil ich nicht bereit war, sie zu ändern.

Heute weiss ich auch, wieso. Diese Änderungen waren alle mit einem grossen Aufwand verbunden. Und ich bin nicht gerade eine Freundin von langweiligen Aufgaben. Typisch ADHS, könnte man sagen. Ich würde es eher als menschlich bezeichnen. Denn wer nimmt schon gern unangenehme und zeitraubende Aufgaben an die Hand. Letztendlich musste ich diese Änderungen vornehmen. Anders hätte ich nie zu meiner heutigen Zufriedenheit gefunden.

Ich musste also endlich akzeptieren, dass ich so bin, wie ich bin, und dass ich nicht alles miteinander sofort ändern konnte. Nicht, dass ich diesen Zustand für immer hätte akzeptieren müssen. Es ging ja vorher auch.

Veränderungen brauchen Energie, und manchmal dauert es eben eine Zeit lang.

Es war auch nach dieser Erkenntnis schwer, meinen Ist-Zustand zu akzeptieren. Aber es ist wie bei allem. Ich brauchte nur ein erstes Erfolgserlebnis und schon war ich wieder guter Dinge. Ich hatte aber gleichzeitig die hohe Messlatte etwas nach unten verschoben.

«Rastlose Beine»

Zum ersten Mal verspürte ich die Symptome des Restless-Legs-Syndroms während meiner Schwangerschaft. Während einer langen Autofahrt hatte ich dieses unangenehme Kribbeln in den Beinen, das mich beinahe in den Wahnsinn trieb. Ich musste sie dann die ganze Zeit bewegen, Muskeln anspannen, Muskeln lockern. Danach hatte ich oft Muskelkater. In einem Restaurant zu speisen, war eine totale Folter. Nach einer Stunde fing dieses Kribbeln wieder an, und ich konnte unmöglich still sitzen und musste so schnell wie möglich raus. Kino wurde ebenfalls von meiner Aktivitätenliste gestrichen. Abgesehen davon, dass ich während der Schwangerschaft das Kino einmal schon nach 20 Minuten verlassen musste, da es mir schwindlig wurde. Platzangst. Ich konnte unmöglich zwei Stunden ruhig im Stuhl sitzen. Während meines Burn-out, als die ADHS-Symptome wesentlich stärker waren, hatte ich dieses Restless-Legs-Syndrom ebenfalls. Ich habe dieses Problem noch immer nicht gelöst, aber ich werde einen Weg finden.

Musik war eines der Dinge, durch die ich Entspannung fand. Ich liess mich durch schöne Melodien in eine andere Welt verführen.

Entspannende Momente

Erst mussten mich Ärzte darauf aufmerksam machen, dass mein Körper Entspannung braucht. Doch bis vor kurzem war ich dazu nicht fähig und tat es deshalb nicht. Aber offensichtlich hatte ich so viel Energie, dass ich jahrelang auch ohne auskam. Worte wie: «Was du da treibst, ist Raubbau am Körper», habe ich ignoriert. Entspannung war für mich schlicht wie ein Fremdwort, das ich aus dem Wörterbuch kannte und auswendig lernen musste. Ich besuchte früher einmal einen Kurs für autogenes Training. Doch meine Freundin und ich lachten uns jedes Mal einen Schranz in den Hintern. Ich konnte es einfach nicht ernst nehmen.

Ich wünschte mir so sehr, dass ich das Entspannen lernen könnte. Ich suchte lange.

Manchmal nahm ich ein Entspannungsbad. Doch der Aufwand dafür war mir oft zu viel.

Ich versuchte es mit entspannender Musik, da ich Musik liebe. Da der Fernseher monatelang ausgeschaltet blieb, weil mich die vielen Informationen überfordert hätten, lag ich die meisten Abende im Wohnzimmer am Boden herum und liess mich durch schöne Melodien in eine andere Welt verführen. Dabei blieben sämtliche Lampen ausgeschaltet, der Raum war nur von Kerzen beleuchtet. Dazu liess ich Holz im Cheminée brennen, was dem Raum eine wunderschöne warme Atmosphäre verlieh.

Manchmal fing ich dann zu tanzen an und dehnte dabei meine verspannten Muskeln. Danach fühlte ich wieder Leben in meinem Körper.

Unabhängig davon habe ich erfahren, dass mich Katzen ebenfalls entspannen können. Wer will schon eine Katze! Ich auf jeden Fall hatte diesen Wunsch nie im Leben. Doch meine Tochter schon. Im Juli zog nicht nur ein Katzenweibchen, sondern auch ein Kater bei uns ein. Voilà. So war es. Lange überlegen wollte ich nicht. Es schien mir aus dem Bauch heraus einfach die richtige Entscheidung zu sein. Und so war es auch. Die kleinen Dinger schnurrten abends auf meinem Schoss, was mich sehr beruhigte.

Es gibt Studien, die belegen, dass Menschen in einem Altersheim mit Katzen oder anderen Haustieren glücklicher und gesünder leben.

Dennoch merkte ich, dass ich mich nur entspannen konnte, wenn ich die tausend Gedanken, die mich plagten, beiseite legen konnte. Und das konnte ich auch mit all diesen Methoden nicht immer.

Alltägliche Schwierigkeiten

Wie oft kam es in dieser Zeit vor, dass ich zum Kühlschrank lief und nicht mehr wusste, was ich eigentlich rausnehmen wollte! Dass ich irgendwelche Unterlagen verlegte und nicht mehr finden konnte. Dass ich Einkäufe liegen gelassen habe. Dinge vergass. Oder ich musste viermal aufstehen, bis ich das holte, was ich eigentlich wollte. An einem Abend lag ich auf der Couch, las ein Buch und hörte Musik. Die Musik war zu laut, aber die Fernbedienung lag auf der Stereoanlage drei Meter neben mir, sodass ich dazu aufstehen musste. Zuerst machte ich die Musik am Gerät leiser und vergass, die Fernbedienung mitzunehmen. Beim zweiten Mal kam mir in den Sinn, dass ich doch, da ich gerade stehe, mir noch einen Tee holen könnte. Beim dritten Versuch wollte ich noch zuerst auf die Toilette und vergass die Fernbedienung erneut. Im vierten Anlauf versuchte ich mich nun nur auf die Fernbedienung zu konzentrieren, und es klappte. Zerstreutheit? Ruhelosigkeit? Konzentrationsschwäche? Burn-out und ADHS geben Antworten darauf.

Es war nicht immer so. Bis zu meinem Burn-out war ich zu Höchstleistungen fähig. Zudem war ich während zehn Jahren vor der Geburt meines ersten Kindes selten bis nie krank.

Ich hatte zwischen dem zwanzigsten und dem dreissigsten Lebensjahr kaum Anzeichen von ADHS, weil es mir gut ging. Diese Symptome zeigten sich erst wieder, als ich nur noch Probleme und Schwierigkeiten sah. Ich fragte mich oft, warum ich vor meiner Mutterschaft nie ausgebrannt gewesen war, obwohl ich mich auch damals oft überforderte. Mir fiel auf, dass ich einen bestimmten Rhythmus gelebt hatte: drei Wochen auf Hochtouren und dann eine Woche Ruhephase. Dieser Rhythmus war mit den Kindern aber nicht mehr möglich. Also musste ich lernen, eine Ausgeglichenheit herzustellen und meine Energie besser einzuteilen.

ADHS-Strategien

In einer Besprechung mit meiner ADHS-Therapeutin fiel auf einmal das Wort «ADHS-Strategien». Sie erklärte mir, dass wir ADHSler uns Strategien aneignen, ohne uns dessen bewusst zu sein. Ich konnte mir darunter jedoch nichts vorstellen. Sie erklärte mir, dass eine ADHS-Strategie zum Beispiel mein dauerndes Herumlaufen während längerer Telefongespräche sei.

Während eines für mich langweiligen Meetings male ich irgendwelche Skizzen aufs Papier oder ich erledige kurz einige Arbeiten, die ich stets dabei habe.

Wenn ich mich mit einem Thema auseinander setzen musste, das mir überhaupt nicht zusagte, hatte ich die Begabung, es für mich spannend zu machen. Während der Ausbildung musste ich einmal einen Vortrag über Politik halten. Ein Gebiet, das mich nicht interessierte. das aber zum Ausbildungsstoff gehörte. Ich nahm mit dem damaligen Regierungsratspräsidenten des Kantons Zug Kontakt auf und bat ihn um eine Besprechung. Er empfing mich offen und brachte mir die trockene Materie auf spannende Weise näher. Zudem erklärte er sich bereit, mit mir in die Schule zu kommen und an meinem Vortrag zu sprechen. Ich erhielt dafür die Note 6.

Unbewusst fühlte ich, dass ich in der Natur entspannter war als in der Hektik der Stadt. Wenn ich überfordert war, nahm ich mein Mountainbike und fuhr in die Berge. Auch mit den Kindern mache ich vorwiegend nur noch Ausflüge in die Natur. In der Natur verweilen sie sich ohne jegliche Spielsachen. Sie entwickeln eine hohe Kreativität und können sich mit Stecken und Steinen stundenlang beschäftigen. Danach fühlen wir uns erholt. Dieses Rezept konnte ich während meines Burn-out leider nie anwenden, da ich nicht nach draussen gehen konnte.

Ärzte- und Medikamentenphobie

Acht Monate nach meinem Zusammenbruch, im Juli, fühlte ich mich langsam erschöpft von den vielen Terminen, denen ich dauernd nachrennen musste. Ich hatte tatsächlich seit über zwei Monaten im Schnitt fünf verschiedene Arzttermine in der Woche. Kinderarzt, Hausarzt, Therapie meines Sohnes, ADHS-Therapeutin, Massage gegen Verspannung und so weiter. Dabei hätte ich Ruhe gebraucht und viel Zeit für mich.

Es war für mich genau in dieser Zeit eine grosse Herausforderung, überhaupt das Haus zu verlassen. Wie ich denn mit dieser enormen Soziophobie zu einem Arzttermin fahren könne?, fragte mich meine Therapeutin. Tja, gute Frage.

> **Wenn ich überfordert war, nahm ich mein Mountainbike und fuhr in die Berge.**

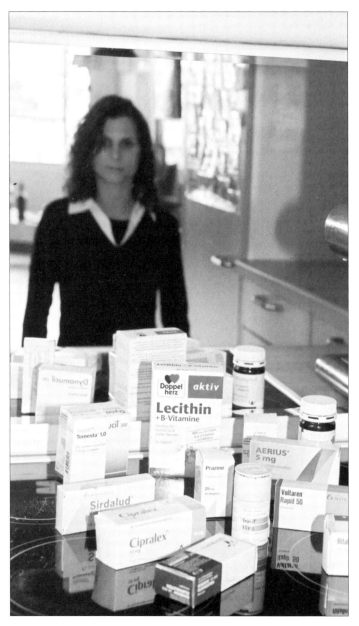

Jeden Morgen musste ich viele Medikamente einnehmen.
Sie vermittelten mir das Gefühl, ein schwer kranker Mensch zu sein.

Für einen Termin am Tag musste ich mich bereits am Abend vorher darauf einstellen und vorbereiten. Ich hatte enorme Angst, dass ich etwas vergessen könnte. Die «Reise nach draussen» stellte ein unheimliches Problem dar. Ich brauchte vor dem Termin etwa drei Stunden, bis ich bereit war zu gehen. Die ADHS-Literatur beschreibt dieses Phänomen ausführlich. Wenn ich es nicht selbst erlebt hätte, ich könnte es schlichtweg nicht glauben. Natürlich nahm ich das Auto, das mich direkt vor die Tür brachte. Und diese kurze Strecke bis in die Praxis überlebte ich. Ich durfte mich einfach nicht umdrehen.

Abgesehen davon, dass mich diese Termine viel zu viel Anstrengung kosteten, hatte ich langsam genug davon. Ich wollte meine Zeit nicht auf diese Weise verbringen. So langsam bekam ich eine richtige Ärztephobie, was mich veranlasste, diese Besuche auf ein absolutes Minimum zu beschränken. Heute habe ich fast keine Termine mehr.

Im Weiteren fingen mich die vielen Medikamente an zu nerven. Jeden Morgen musste ich eine Vielzahl von Medikamenten schlucken. Vom homöopathischen Kügelchen über die Vitaminbombe bis hin zu Antidepressiva und Ritalin. Die Auswahl an verschiedenartigen Produkten und deren Form (kleine rosa Pillen, grosse weisse Tabletten und so weiter) waren prächtig. Sie vermittelten mir das Gefühl, ein schwer kranker Mensch zu sein. Aber so wollte ich mich nicht fühlen. Und das wollte ich schon gar nicht mehr sein.

Doch ich sollte sie nicht absetzen, weil es meine Ärzte anders beurteilten. Mir wurde es zunehmend übel bei der Einnahme. Die innere Abwehr wurde von Tag zu Tag stärker. Auf einmal war meine Abneigung so stark, dass ich anfing, die Medikamente nach der Einnahme zu erbrechen. Mein Körper wollte sie nicht mehr. Irgendwann schluckte ich keine Pillen mehr, da ich wusste, dass ich sie ohnehin wieder erbrechen würde.

Ich überlebte ohne Medikamente, wenn es auch nicht die einfachste Zeit war. Die ersten drei Wochen waren sehr hart. Ich war auf Medikamentenentzug. Kein tolles Gefühl. Diejenigen, die das auch schon hatten, wissen, wie es einem geht. Hundeelend. Aggression total. Gottlob erkannte ich diese Symptome als Entzugserscheinungen. Sonst hätte ich mich beim Arzt wieder als Grippepatientin angemeldet, denn die Symptome ähnelten denen einer Grippe.

Danach akzeptierte ich, dass ich wenigstens das Ritalin doch noch eine Zeit lang einnehmen würde. Denn es half mir wirklich.

Viele Kilo, aber keine Erklärung

Durch die Einnahme dieser vielen Medikamente nahm ich innerhalb der letzten acht Monate zehn Kilo zu, obwohl ich nicht mehr ass als vorher. Abgesehen davon, dass ich meine sämtlichen Kleider nicht mehr tragen konnte und kein Geld für eine neue Garderobe hatte, fand ich mein neues Gewicht langsam völlig inakzeptabel. Glücklicherweise konnte ich die Kleider meiner Mutter anziehen. Doch das war keine Dauerlösung.

Da die Gewichtszunahme nicht aufhören wollte, bat ich meinen Arzt um Hilfe. Komischerweise setzten sich die Kilos vorwiegend am Bauch an. Wenn ich es nicht besser gewusst hätte, hätte ich geschworen, dass ich da gerade ein Kind austrage. Auch er dachte bei meinem Anblick und meinen Schilderungen daran. Aber es war unmöglich, dass ich schwanger war. Mit Bluttest, Ultraschall und noch mehr wurde ich während Stunden genau untersucht. Es gab aber keine Erklärung dafür. Er verschrieb mir ein Medikament, das die Verdauung etwas ankurbeln sollte. Jetzt nahm ich nicht weiter zu. Aber ich nahm auch nicht ab. Und letztendlich half es mir nicht mal mehr beim Stuhlgang. Ich war überzeugt, dass das Problem psychischer Natur war. Wie schon manches Phänomen in meinem Leben.

Das grosse Aufräumen

Ende Juli fing ich an, mich in meiner Wohnung wie im «Gefängnis» zu fühlen.

Oft schaute ich zum Fenster hinaus und sah die Welt, die mir wie durch Gitterstäbe versperrt blieb. Sehnsüchte kamen in mir hoch. Aber auch viele Ängste. Und ich konnte nicht verstehen, dass ein so geselliger Naturmensch wie ich sich nicht mehr in diese Welt hinaustraute. Und das Schlimmste daran war, dass ich mich selber einsperrte. Es kam mir vor, als müsse ich für meine «Straftat» büssen. Das, was ich in meinen Augen jahrelang falsch gemacht hatte. Ich hasste diesen Zustand. Ich sah es wirklich als eine grosse Strafe an.

Monatelang räumte ich auf. Ich fühlte mich von den vielen Dingen in der Wohnung erdrückt. Ich überlegte, was ich noch brauchte und was nicht.

Ich habe auch das Übermass an Spielsachen und Unterhaltungsangeboten erheblich heruntergeschraubt. Es war alles zu viel. Wenn ich mir nur vorstelle, was es alles für Ablenkungsmöglichkeiten gab: Game Boy, Computerspiele, Fernsehen, zahllose Spielsachen und so vieles mehr. Wie sollte sich Kay da noch zurechtfinden? Durch die neue Ordnung ist Ruhe eingekehrt und die Ablenkung ist nicht mehr so gross.

Dadurch habe ich erreicht, dass ich und Kay allgemein ruhiger wurden und besser schlafen können.

Sackweise kamen jetzt unzählige Dinge auf den Müll, die in mir beim Ansehen schmerzhafte Gedanken und Gefühle wachriefen oder die seit Jahren bedeutungslos herumlagen. Weg. Fort aus meinem Leben. Ich ordnete meine Wohnung neu. Setzte viele Mittel, die mir in meinem ADHS-Chaos halfen, neu ein. Ich kaufte mir ein neues Planungssystem aus Plastik, das für jeden der 31 Tage eine Tasche hat. Das hängte ich an den Kühlschrank, damit ich unweigerlich täglich daran vorbeikam. Ich zwang mich, jeden Abend die neuen Aufgaben und Termine auf Notizzettel zu schreiben und dort einzuordnen. Dies half mir, nicht so viel zu vergessen.

Ich brauche viel Disziplin, muss mich strikte führen. Ich muss mich bei jeder neuen Aufgabe fragen, ob sie wirklich notwendig ist, sonst bin ich sofort wieder überbucht.

So langsam hatte ich zu Hause alles geregelt und es gab nichts mehr aufzuräumen. Ich wollte wieder raus. All meine aufgestauten Wünsche und Sehnsüchte nach Liebe und Gesellschaft wurden immer stärker. Es entstand ein Druck in meinem Kopf, der immer stärker wurde, bis ich glaubte, mein Kopf würde in der nächsten Sekunde in tausend Stücke zerplatzen.

Ich konnte dennoch nicht raus. Deshalb stellte ich mir vor, ich stehe auf einem Berg und schreie alles aus mir heraus. Das tat unheimlich gut.

Gedanken und Gefühle

Was mir enorm zu schaffen machte: Ich war meinen Gefühlen und Gedanken total ausgeliefert. Meine Stimmung war entweder völlig euphorisch oder im tiefsten Keller. Es gab einfach kein Dazwischen. Der Auslöser für diese Schwankungen waren entweder Erlebnisse oder oftmals auch nur meine Gedanken. Ich stellte fest, dass ich die meiste Zeit damit verbrachte, mir über alles den

Oft schaute ich zum Fenster hinaus und konnte nicht verstehen, dass ich mich nicht mehr in diese Welt hinaustraute.

Kopf zu zerbrechen. Mit Denken kam ich irgendwie auch nicht weiter. Vor lauter Denken vergass ich zu leben.

Ich las damals einen interessanten Bericht über die «Befreiung des Denkens» im Buch *Die goldenen Regeln des friedvollen Kriegers* von Dan Millman: «Gedanken schaffen Stress: Psychischer Stress entsteht, wenn unser Denken sich gegen etwas wehrt, was ist.» Millmans Ansichten teile ich, und sie halfen mir, dieses Problem zu lösen.

Meine Gedanken bezogen sich ohnehin nur auf die Vergangenheit und die Zukunft. Es war also notwendig, dass ich mich von dieser Gedankenwelt befreite, um das Jetzt und Hier erleben zu können. Meine Lösung war, dass ich mir meine Realität so veränderte, dass ich bereit war, wieder darin zu leben.

Meine Einstellung zu ADHS

Ich stimme heute nicht allen Ansichten über ADHS zu. Ich verstehe, dass man diese schwierig zu definierende so genannte Krankheit in Erfahrungen zusammenfassen und diesen einen Namen geben muss. Das half mir auch sehr. Aber ich wäre nicht zufrieden, mich künftig nur noch über mein ADHS-Empfinden definieren und rechtfertigen zu müssen. Das genügt mir nicht. Ich persönlich möchte ADHS nicht als eine Krankheit ansehen, sondern als eine spezielle Gabe. Die Fähigkeit, mehr fühlen zu können, Kreativität, Spontaneität und erstaunliche Energie. Ich denke, dass diese Menschen spezielle Gaben haben und zu hervorragenden Leistungen fähig sind. Wie zum Beispiel Albert Einstein, Schiller, Mozart und viele mehr, denen ebenfalls ADHS zugeschrieben wird. Ich kann zum Beispiel über ein Thema, das mich interessiert, in kürzester Zeit einen umfassenden Bericht schreiben, für die Einführung eines neuen Produktes in Rekordzeit eine Strategie entwickeln. Wenn ich etwas mit Begeisterung angehe, lege ich ein fast unschlagbares Arbeitstempo hin. Leider ist bei uninteressanten Dingen genau das Gegenteil der Fall.

In einer «Persönlichkeitsbeurteilung», die vor Jahren in Zusammenhang mit meiner damaligen Stelle durch ein Unternehmen über mich gemacht wurde, ist vieles beschrieben, das auf mein ADHS hinwies, mir aber nicht bewusst war:

- Sucht Herausforderung in der Aufgabe
- Braucht positives Beziehungsumfeld
- Braucht Abwechslung
- Sehr leistungsorientiert, setzt sich ein, wenn motiviert
- Braucht fachkompetente Sicherheit
- Freiraum und Kompetenzen sind wichtig
- Kann nicht Nein sagen
- Temperamentvoll, kann impulsiv und emotional reagieren
- Braucht Aufgaben, die anspruchsvoll sind und nicht zur Routine werden
- Kommunikativ, etwas schüchtern, will nicht im Mittelpunkt sein

Zudem meine ich, dass ADHSler mit ihrer ausgeprägten Reizoffenheit und den zum Teil überdurchschnittlichen Empfindungen Informationen ausgeprägter oder anders aufnehmen und daher schneller überfordert sein können. Dabei denke ich an die Informationsflut aus Büchern, Zeitungen, Fernsehen, Telefon, Gesprächen, Post, Aufgaben und Alltagseindrücken. All das zu verarbeiten, war zumindest für mich ein Problem.

> Ich persönlich möchte ADHS nicht als eine Krankheit ansehen, sondern als eine spezielle Gabe.

5. KAPITEL

Der Heiler

Anfang August meinte ich, dass nun alles aufgeklärt sei. Das Rätsel sei gelöst. Und doch fühlte ich mich noch immer nicht gesund. Einerseits kam ich einfach nicht aus meiner Isolation heraus, und andererseits blieb mein Herz krank. Ich wusste allmählich nicht mehr, wie ich meine Erschöpfungsdepression jemals überwinden könnte. Was um Himmels willen sollte ich denn noch tun? Die Frage quälte mich. Ich gab die Hoffnung auf eine völlige Genesung langsam auf. Auch wenn ich es ungern zugebe, aber ich fand meine Situation ausweglos, obwohl ich doch schon so viel erreicht hatte. Ich fühlte wieder eine tiefe Depression in mir hochkommen. Ich schrieb mein Testament.

An einem Mittwoch rief mich meine Mutter morgens an. Erstaunlich, dass ich das Telefon abgenommen habe, da mir das Telefonieren immer noch grosse Mühe bereitete. Als ich mit meiner Mutter sprach, mussten bei ihr die Alarmglocken geläutet haben. Ich weiss nicht, war es die Hoffnungslosigkeit in meiner Stimme? Später rief sie mich nochmals an und sagte mir, dass sie für mich einen Termin bei einem anerkannten Heiler vereinbart hätte. Sie wusste zwar, dass sie mir nicht mit Hokuspokus, Esoterik und was auch immer kommen musste. Ich liess diese Welt in Ruhe, und sie sollte mich auch nicht tangieren. Aber ich dachte, nützt es nichts, so schadet es nichts. Probier ich es eben mal aus. Denn ich hatte wirklich nichts mehr zu verlieren. Das Schlimmste war für mich der Tod, auch wenn ich ihn in Erwägung zog. Aber ich wünschte mir nichts sehnlicher, als meine Kinder gross werden zu sehen. Also ging ich gespannt dahin.

So kam ich zu Andy Meyer, der in Luzern eine Prano- und Magnettherapiepraxis hat und Mitglied des Schweizerischen Verbands für Natürliches Heilen ist. Bereits die ersten drei Stunden bei ihm haben Wunder bewirkt und mir wieder eine positive Zukunftsperspektive gegeben. Ich besuchte ihn danach noch einige Male und konnte sämtliche Probleme mit ihm besprechen.

Er gab mir die richtige Lösung für meine Abschalt- und Schlafprobleme: «Geh einfach ins Bett, um zu schlafen. Wenn dich dann die vielen Gedanken nicht in Ruhe lassen, sag ihnen, dass du schlafen willst. Gewähre ihnen einen letzten Moment und melde dich dann ab, indem du sagst: Morgen ist auch noch ein Tag. Dann bin ich wieder frisch und munter für euch da. Aber jetzt brauche ich Ruhe und will schlafen.»

Diesen Ratschlag von Andy Meier fand ich zugegebenermassen zuerst sehr amüsant, da ich es während Monaten mit vielen Spezialisten auf diesem Gebiet zu tun gehabt hatte, die mir oft Medikamente gaben. Komischerweise hatte ich von diesem Tag an meine chronischen Schlafprobleme besiegt.

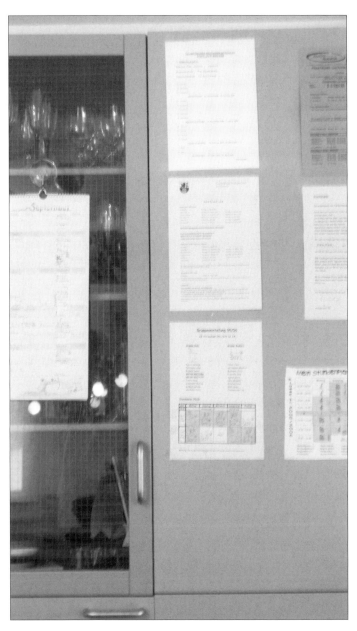

Ich führte ein neues Planungssystem ein, das ich am Kühlschrank platzierte. Es half mir, die vielen Termine nicht zu vergessen.

Abgrenzung war ein grosses Thema bei mir. Ich musste lernen, mich von Menschen und Dingen abzugrenzen, denen ich bis anhin erlaubt habe, mir wehzutun. Und nicht nur davon, sondern auch von Gedanken, die mich belästigten. Das war anfangs gar nicht so einfach. Es brauchte viel Mut und Überzeugung, das Abgrenzen wirklich durchzusetzen.

Ebenfalls konnte ich meine Blockade im Hals lösen. Mir blieb laufend etwas im Hals stecken oder ich verschluckte mich häufig beim Trinken. Reizhusten verfolgte mich hie und da, und dann waren noch der Fresshunger, das Erbrechen und die Verschleimung. Ekelhaft, dieses Thema. Andy Meyer meinte, das käme von meinen Aggressionen, die ich herunterschluckte, statt sie zu bewältigen oder ausbrechen zu lassen. Wie ich es vorher oft getan hatte. Und er hatte Recht. Seit ich sie nicht mehr herunterschlucke, ist auch diese Blockade weg.

Die Erfahrungen mit Leuten, bei denen ich mich von da an abgrenzte, waren erstaunlich. Sie waren nicht gewohnt, dass ich Nein sagen konnte. Ich war auf einmal fähig, offen meine Meinung zu äussern. Da waren so viele negative und unterdrückte Emotionen in mir, die zum Teil wie ein Feuerwerk aus mir herausplatzten. Am Anfang zitterte ich dabei am ganzen Körper. Die Befreiung, die ich danach empfand, war allerdings enorm wohltuend. Mit der Zeit erreichte ich dann mehr und mehr die Souveränität und Gelassenheit, die ich mir im Umgang mit anderen Menschen wünschte.

Ein Erlebnis überraschte mich selbst. Ich fuhr mit meiner Mutter und den Kindern eine Bergstrasse hinauf. Etwa fünf Autos vor uns fuhr ein mit Material gefüllter Lastwagen mit 30 Stundenkilometern, wo wir doch 80 hätten fahren dürfen. Ans Überholen war nicht zu denken, da die Strasse zu eng und kurvig war. Langsam bildete sich hinter uns eine endlose Kolonne. Es machte mich im Allgemeinen nervös, wenn Autos langsamer fuhren, als sie durften. Wir kamen an einigen Ausweichstellen vorbei, der Lastwagen fuhr jedoch nie rechts ran, um uns passieren zu lassen. Ich kam richtig in Rage. Kurz vor dem Ende der Bergstrasse bog er dann endlich in eine Baustelle ab. Ich war mittlerweile so wütend, dass ich ihm folgte. Meine Mutter erschrak, doch ich fuhr weiter. Als der Lastwagen hielt, stieg ich aus und ging auf den Fahrer zu. Ohne zu überlegen, teilte ich ihm mit, dass ich es eine Unverschämtheit fände, dass er diese kilometerlange Strecke mit 30 Stundenkilometer hinaufgefahren sei und uns nie habe passieren lassen, obwohl es doch einige Ausweichmöglichkeiten gegeben hätte. Ich hatte grosses Glück, dass er ein gelassener Mann war. Er war wahrscheinlich ziemlich erstaunt, dass ich so auf ihn zuging. Er erklärte mir, dass er, wenn er diesen vollen Lastwagen bei der Bergfahrt anhielte, Schwierigkeiten hätte, wieder anzufahren. Ich verstand sofort und entschuldigte mich für meine Überreaktion. Wir verabschiedeten uns lachend. Einerseits war ich erleichtert, dass ich diesmal meine Aggression nicht runtergeschluckt hatte. Andererseits zeigte es mir, dass ich meine Impulsivität besser in den Griff bekommen musste.

Mir wurde auch klar, dass ich viele Enttäuschungen erlebte, weil ich zu hohe Erwartungen hatte. Nicht nur an andere Menschen, sondern vor allem an mich. Nur, kann man ein Leben ohne Erwartungen führen? Am besten gelingt es mir, wenn ich das Leben im Hier und Jetzt lebe. Wenn ich meinen Kopf ausgeschaltet lasse und das Leben mit dem, was es bringt, einfach annehme, wie es ist. So erlebe ich wesentlich weniger Enttäuschungen.

Ich habe auch angefangen, viel mehr auf meinen Körper zu hören. Wenn sich die Körperhaare aufstellen, weiss ich, dass etwas nicht gut für mich ist. Wenn ich ein Kribbeln verspüre, weiss ich, dass es gut ist. Viel zu oft hatte ich in meinem Leben Dinge getan, nur weil andere meinten, so wäre es richtig. Ja – richtig für sie. Aber nicht richtig für mich.

Durch diese Gespräche mit dem Heiler und die vielen neuen Einsichten ging es mir auf einmal rasant besser.

Agenda verloren

Ich rechnete zusammen, was mich die Klinik, die Ärzte und Therapien der letzten Monaten gekostet hatten. Und was die Krankenkasse bezahlen musste. Fast unglaublich. Diese ersten drei Stunden bei Andy Meyer kosteten mich lediglich 150 Franken und jede weitere Behandlung 50 Franken. Warum sind die Krankenkassen nicht offener für natürliches Heilen, und sei es nur für einen Versuch? Ich glaube, sie würden viel Geld sparen.

Ich kann nicht beurteilen, ob ich den Rehabilitationsklinik-Aufenthalt und all die Monate der Neuorganisation und die zahlreichen weiteren Krankheiten nicht doch gebraucht hätte, wenn ich von Anfang an bei einem Heiler gewesen wäre. Ich weiss es nicht. Aber vielleicht könnten gerade Sie es herausfinden. Wenn Sie sich im Anfangsstadium eines Burn-out befinden und die Anzeichen erkannt haben. Vielleicht könnten Sie mit einem Versuch viele schreckliche Monate und hohe Ausgaben vermeiden.

Im August verlor ich meine Agenda. Desaster! Alle Arzttermine waren weg. Was mache ich denn nun? Ich lehnte mich zurück, da ich es nicht ändern konnte. Sie war einfach weg. Entscheidend für mich aber war die Konsequenz daraus. Auf einmal war der Stress weg. Ich sah die vielen Termine nicht mehr, die sich mir aufdrängten, wenn ich die Agenda aufschlug. Ich fühlte mich, als hätte ich Ferien. Meine Zeit gehörte mir. Ich arbeitete von da an nur noch mit dem so genannten Familienplaner an der Wand. Dadurch konnte ich mich ausserhalb meiner Räume nicht mehr verplanen. Was dazu führte, dass ich wesentlich weniger abmachte. Ich wäre nie auf die Idee gekommen, dass ich dadurch viel Stress abbauen könnte.

Mein 37. Geburtstag

Mitte August feierte ich meinen 37. Geburtstag. Freunde besuchten mich spontan, und ich fühlte mich zum ersten Mal seit neun Monaten nicht überfordert davon. Ich freute mich enorm. Wünschte es sogar. Meine Bekannten hatten Respekt vor meiner Krankheit. Die meisten wussten nicht viel darüber. Sie wussten nicht, wie sie mit mir umgehen sollten. Mein eigener Bruder getraute sich monatelang nicht, mich anzurufen und fragte auch erst meine Mutter, ob er mich an diesem Tag besuchen dürfe.

Mein Geburtstag war für mich weltbewegend. Was ich an E-Mails, SMS, Anrufen, Besuche und Post von meinen Freunden erhielt! Von solchen, die ich Monate schon in der Ferne hielt. Wirklich erstaunlich. Aus den Augen – aus dem Sinn, das trifft hier definitiv nicht zu. Ich war überglücklich. Für mich war es wie eine Wiedergeburt. Es war der Beginn meines neuen Lebens. Aus unerklärlichen Gründen nahm ich von diesem Tag an endlich die zehn Kilo ab, ohne irgendetwas an meinen Essgewohnheiten zu verändern.

Der Bus-Chauffeur

Seit August fahre ich öfter mit öffentlichen Verkehrsmitteln. Das erste Mal, als ich mich von meinem Wohnort in den Bus setzte, traf ich einen mürrischen Bus-Chauffeur an. Ich strahlte ihn an und erzählte ihm, dass Busfahren noch Neuland für mich sei. Sofort erhellte sich sein Blick auf. Ich setzte mich ganz vorne hin. Und er erzählte mir die ganze Fahrt von den zahlreichen Busfahrtmöglichkeiten. Es war interessant. Sein mürrischer

Blick war weg, und wir verabschiedeten uns mit einem Lächeln. Wenn ich heute an eine schlecht gelaunte Person treffe, versuche ich, mich davon nicht mehr anstecken zu lassen.

Endlich wieder ein längeres Hoch

Mitte September konnte ich dann endlich auf ein sechs Wochen dauerndes Hoch zurückschauen. Das war das längste Hoch, das ich seit meinem Zusammenbruch hatte. Auf 1. Oktober liess ich mich auf meinen Wunsch gesund schreiben. Lange habe ich darauf gewartet und meinte, dass das nun das Ende des Burn-out sei. Ich sei wieder gesund. Falsch gedacht.

Ende September kündete meine Praktikantin und hörte sofort mit der Arbeit auf. Die Kinderbetreuung lag ab sofort wieder voll bei mir. Damit konnte ich noch leben. Aber nun den ganzen Haushalt allein zu führen mit allem, was dazu gehört, war eine grauenhafte Vorstellung. Wie sollte ich daneben noch arbeiten können? Es war mir klar, dass ich ohne Unterstützung das alles noch nicht bewältigen konnte. Und so schnell jemanden zu finden, den ich zudem noch bezahlen konnte, schien mir unmöglich.

Wieder wurde ich mit meiner ADHS-Problematik konfrontiert. Die ersten Wochen ohne Praktikantin waren

> **Ich wünschte mir etwas mehr Toleranz und Verständnis, das hätte mir einiges erleichtert.**

hart für mich. Irgendwie konnte ich mich bei den verschiedenen Stundenplänen nicht an den Donnerstagmorgen gewöhnen. Chantal hätte an diesem Morgen von 8.15 von 11.45 Uhr Unterricht, davon zwei Stunden Turnen.

Ich liess mich wiederholt vom Montag verwirren, an dem sie erst um 10.15 Uhr in die Schule musste. Am ersten Donnerstag sassen wir alle vier gemütlich beim Morgenessen, als um halb neun das Telefon klingelte. Als sich ihre Lehrerin meldete, war ich sehr erstaunt. «Geht es Chantal gut?», fragte sie. «Ja, bestens», antwortete ich etwas verdutzt. Was sollte diese Frage? Sie sagte: «Ach, ich frage nur nach, weil sie noch nicht im Unterricht ist.» Chantal in der Schule um diese Zeit an einem Donnerstag? Ich schaute schnell auf den Stundenplan und entschuldigte mich für das Missverständnis. Ich war so sehr davon überzeugt, dass sie erst um 10.15 Uhr dort sein musste, dass ich es nicht gesehen hatte.

Am zweiten Donnerstag war ich natürlich besser vorbereitet. Pünktlich verliess Chantal das Haus. Als sie jedoch am Mittag nach Hause kam, musste ich bereits mein nächstes Versäumnis einstecken. «Mami, du hast vergessen, mir mein Turnzeug einzupacken!» Oh je, dachte ich und fragte mich, ob es nur mir so erginge oder ob andere Mütter und Väter das gleiche Problem haben.

Es machte mir schon etwas Sorgen, dass ich die verschiedenen Zeiten nicht in den Griff bekam.

Als ich mir dann nach einigen Wochen die Stundenpläne hatte einprägen können, ging alles besser. Das Turnzeug vergass ich den Kindern jedoch noch öfter mitzugeben. Da kam der erste schriftliche Vermerk der Lehrerin. Ihr sei aufgefallen, dass Chantal immer wieder etwas vergesse. Nicht nur das Turnzeug, sondern auch die Hausaufgaben. Ich empfand, dass das alles meine Schuld war, und übernahm die Verantwortung. Hätte die Lehrerin von meinen Schwierigkeiten gewusst, es wäre vielleicht einfacher gewesen. Aber die Lösung war es nicht. Ich musste dieses Problem in den Griff bekommen.

Ich wünschte mir etwas mehr Toleranz und Verständnis, das hätte mir einiges erleichtert. Ich fühlte die Depression wieder in mir hochkommen, die mich unfähig machte, überhaupt eine Unterstützung zu suchen.

Bereits am Anfang Oktober fühlte ich mich wieder todkrank. Ich hatte eine Bronchitis und musste Antibiotika einnehmen. Es passte mir ganz und gar nicht, dass ich bereits vier Tage nach der Gesundschreibung meinem Arbeitgeber mitteilen musste, dass ich schon wieder krank war. Ich war machtlos.

Der nächste Rückzug war angesagt. Ich konnte wieder tagelang keinen Kontakt zur Aussenwelt aufnehmen. Hätte mich eine Freundin angerufen und gefragt, wie es mir geht, und dann vernommen, dass ich jetzt Bronchitis habe, hätte ich bestimmt wieder folgenden Spruch hören müssen: «Du hast aber auch dauernd etwas! Was machst du nur? Nun ist es Bronchitis. Was hattest du schon wieder beim letzten Mal?» Ich wollte diese Sätze nicht mehr hören! Lasst mich in Ruhe! Ich will frei sein von Krankheiten. Ich will endlich gesund sein. Ich will leben.

Ich konnte auch nicht verstehen, weshalb mir das alles passierte. Rückblickend hatte ich in den letzten elf Monaten neben meiner Erschöpfungsdepression die unmöglichsten Krankheiten von Kopf bis Fuss. Von einer Angina, einem gebrochenen Knochen im Fuss, über Bakterien-, Pilz-, Magen-Darm-Erkrankung, Verspannungsschmerzen in Nacken und Rücken, Einschlaf- und Durchschlafschwierigkeiten zu einem entzündeten Zeckenbiss und so weiter und so fort. Wirklich querbeet. Zudem kann ich die vielen Antibiotikakuren gar nicht mehr zählen. Ich denke heute, dass vieles psychisch war. Ein interessantes Buch, *Alles psychisch?* von Ingrid Obricht, gab mir viele Antworten.

Nach einer Woche war die Bronchitis noch immer nicht geheilt. Der Husten war unerträglich geworden. Nun meinte der behandelnde Arzt, dass es sich um Keuchhusten handelt. Also bekam ich wieder eine andere Antibiotikakur. Hierzu möchte ich aber noch sagen, dass diese Bronchitis oder dieser Keuchhusten auch etwas Gutes hatten. Ich machte nun monatelang daran herum, mit Rauchen aufzuhören. Der Keuchhusten löste dieses Problem in Rekordzeit. Für wie lange, wird sich aber noch zeigen.

Meine Trauerphase

Natürlich war ich traurig, dass ich jetzt schon wieder krank war, aber da war noch eine andere Traurigkeit, die sich ausbreitete. Ich hatte wieder einmal Zeit, an meiner Vergangenheit herumzustudieren. Mir wurde erst jetzt richtig bewusst, was so alles schief gelaufen war in meinem Leben, weil ich ADHS habe. Ich fragte mich, ob mein Mann und ich heute noch zusammen wären, wenn ich nicht diese ADHS-Symptome wie zum Beispiel das Problem mit Nähe und Distanz oder die Emotionsausbrüche gehabt hätte, die unsere Beziehung zweifellos erschwerten.

Ich kann mir auch nicht mehr vorstellen, wie ich die letzten sieben Jahre mit den kranken Kindern und viel zu wenig Schlaf bewältigen hatte können. Wahrscheinlich hatte ich den Mutterinstinkt. Auch in der Tierwelt ist es verblüffend, wie zum Beispiel eine Antilope imstande ist, ihr Junges vor einer Raubkatze mit Erfolg zu verteidigen. Eigentlich unvorstellbar. Ungeahnte Kräfte. Ungefähr so würde ich meine Energie bezeichnen.

Ob ich in Zukunft wieder aktiver leben kann, werde ich erst erfahren. Wie ich aber aus verschiedensten Erfahrungsberichten entnehmen konnte, leben heute nach einem Burn-out alle irgendwie besser. Also freue ich mich darauf. In einem ADHS-Buch las ich, dass diese Trauerphase normal ist, wenn einem das Ausmass der Verwüstung durch die Störung endlich bewusst wird.

Also liess ich sie über mich ergehen. Ich konnte doch nichts mehr an der Vergangenheit ändern. Ich versuchte mich ganz auf meine Zukunft zu konzentrieren.

> **Mir wurde erst jetzt richtig bewusst, was so alles schief gelaufen war in meinem Leben.**

6. KAPITEL

Fragen und Verstehen

Warum habe ich das alles zugelassen? Warum hatte ich dieses Helfersyndrom und opferte mich für alle anderen so auf? Warum habe ich meine Burn-out-Symptome ignoriert? Warum war ich so offen und konnte alle Menschen akzeptieren, wie sie waren, ob krank, drogensüchtig oder was immer?

Warum erwartete ich von meiner Umwelt nie das gleiche Mass an Toleranz, zu dem ich fähig war? Ich habe mich oft angepasst. Ich habe mich manchmal verleugnet, um den anderen zu gefallen. Dies ist bestimmt auch ein Grund, weshalb ich mich in ein Burn-out hineinmanövriert habe.

Es hätte vieles einfacher sein können, war es aber nicht für mich.

Ich denke, vieles hat mit der Einstellung zu tun. Ich muss doch, wer macht es sonst, ich bin ersetzbar. Sogar die Mutter von drei Kindern ist ersetzbar. So schwer mir diese Vorstellung fällt, es ist so.

Erst mit neuem Wissen und mit Selbstvertrauen konnte ich viele Fragen über mich und mein Leben beantworten.

> **Ich habe mich oft angepasst. Ich habe mich manchmal verleugnet, um den anderen zu gefallen.**

Krankheit als Chance

Ich sehe mein Burn-out mit allen Therapien, die ich durchlebte, und allen Büchern, die ich während dieser Zeit las, als beste Ausbildung meines bisherigen Lebens. Denn in den sechzehn Jahren Schulbildung hatte ich so ziemlich gar nichts gelernt, das mir Wissen für diese Zeit mitgegeben hätte.

Jahrelang Klassenbeste, eidgenössische Diplome und so weiter. All dies hat mich zwar im Job auf der Karriereleiter an einen tollen Ort gebracht. Aber nicht im alltäglichen Leben. Es wäre für mich sinnvoller gewesen, etwas weniger Geschichte oder Geometrie, dafür aber ein Fach Lebensschule zu haben. Oder ein Kommunikationstraining wie das von Thomas Gordon, an dem ich erst vor drei Jahren teilgenommen habe. Dieses half mir enorm in der Erziehung und in der Kommunikation mit meinen Kindern und auch im Umgang mit anderen Menschen. Solche Themen sollten meiner Meinung nach in der Schulzeit behandelt werden. Denn nur von den Eltern Lebenserfahrung, Kommunikation und Erziehung zu lernen, genügt nicht. Zumal die Eltern häufig beide arbeitstätig sind oder Kinder mit nur einem, oft arbeitenden Elternteil aufwachsen.

Nach dieser «Burn-out-Ausbildung» überlegte ich mir, mich beruflich zu verändern. Vielleicht ein Ideenmarketing anzubieten oder bei Brainstormings für neue Produkte mitzuwirken. Aus den vielen Besprechungen und

Diagnosen weiss ich, dass ich eine schnelle Auffassungsgabe habe in Dingen, die mich interessieren und dass ich oft innovative und gute Ideen habe.

Oder vielleicht eine Arbeit in der Aufklärung über ADHS im Erwachsenenalter oder in der Prävention von Burnout?

All diese vielen Gedanken und Visionen geben mir eine hoffnungsvolle Zukunft, auf die ich mich auf einmal freue. Auch wenn es in meinem Leben immer wieder Rückschläge geben wird.

Die «Syndrom-Familie»

Jetzt, da es mir wieder gut geht, betrachtete ich unsere Syndrome einmal ganz nüchtern. Wenn ich alle Syndrome zusammenzähle, die meine Kinder und ich haben, komme ich zu folgendem Resultat:

     1 x Dandy-Walker-Syndrom
     2 x ADHS-Syndrom
     1 x Restless-Legs-Syndrom
     1 x Burn-out-Syndrom

Weitere sind noch nicht bekannt.

Ohne das ins Lächerliche ziehen zu wollen, finde ich, dass wir alle irgendwie viel zu gesund aussehen, obwohl wir über so viele «Syndrome» verfügen.

Weltanschauung

Während meiner monatelangen Isolation hatte ich Zeit, die Welt aus einer gewissen Distanz zu betrachten. Ich schaute sogar ab und zu die Tagesschau. Die vielen Naturkatastrophen, sei es das Hochwasser in der Innerschweiz, seien es die Hurrikane, die Flugzeugabstürze, die Terroranschläge – ich sehe Stress, Überforderung, Gewalt.

Vielen Gesprächen und Berichten entnahm ich, dass Menschen oft denken, dass sich unser Leben in den letzten Jahren zum Negativen verändert hat. Der grösste Teil der Gesellschaft ist überfordert. Es ist stressiger, es wird immer mehr verlangt. Sicher trägt die heutige Technik auch dazu bei. Mit dem Handy zum Beispiel war ich immer erreichbar. Heute habe ich es nur noch während der Arbeitsstunden eingeschaltet.

Durch die immer höher werdende Scheidungsrate gibt es auch immer mehr allein erziehende Mütter, die arbeiten müssen. Hier möchte ich auch mal erwähnen, dass ich einige allein erziehende Väter kenne, die natürlich mit gleichen Problemen zu kämpfen haben. Zahlbare Kinderhorte oder Tagesschulen wären deshalb eine absolute Notwendigkeit.

Heute kämpfe ich mit Problemen, die ich von meiner Kindheit her nicht kannte. Meine fünfjährigen Söhne werden von viel älteren Jungs auf dem Schulweg

Manchmal schleichen sich Tränen in meine Augen.
Und ich spüre kurz die Traurigkeit, die so lang in mir wohnte.

geschlagen oder geärgert. Dass sich Gleichaltrige schon mal hauen, ist normal. Doch gegen Ältere haben die Kinder keine Chance. Was sollte ich ihnen raten? Was kann ich tun, damit so etwas nicht passiert? Mitlaufen auf dem Schulweg? Wegziehen? Man sagte mir, dass andere Gemeinden diesbezüglich noch schlimmer seien. Ich will einfach nicht glauben, dass es heute so sein muss. Wie schade.

Ich weiss nicht, was ich davon halten soll. Ich weiss nur, dass wenn sich so viele Menschen über die heutige Zeit beklagen, sollte doch etwas geändert werden, dass es sich zum Besseren wenden kann. Ich fange auf jeden Fall an damit.

Heute

Heute fühle ich mich geheilt, obwohl ich alles noch sehr ruhig angehen muss. Das Leben scheint mir einfacher. Ich brauchte dazu nur die richtige Einstellung. Ich änderte, was ich ändern konnte, und ich akzeptierte, was ich nicht ändern kann. Ich stehe zu mir und nicht mehr daneben. Leben und leben lassen.

Ich überfordere mich nicht mehr dauernd. Ich muss mein Tempo immer wieder zurücknehmen und mir Erholungstage einbauen. Ich habe meinen Tagesablauf in aktive und Ruhephasen eingeteilt. Nach einer bestimmten Zeit gönne ich mir eine Pause. Nach einem grossen Einsatz verwöhne ich mich mit einer Belohnung.

Ich kann morgens wieder motiviert aufstehen und empfinde Freude.

Die Kinder und ihre Krankheiten sind für mich nicht mehr belastend, sie sind für mich eine Bereicherung. Endlich habe ich es geschafft, die Mutter zu sein, die ich schon immer sein wollte. Und meine Kinder danken es mir mit Liebe. So sagte mir kürzlich mein Sohn: «Mami, ich liebe dich so fest, bis zum Planeten und wieder zurück, über den Spielplatz, die Rutschbahn hinunter, über die Bäume und wieder zurück. So fest liebe ich dich. Ich liebe dich. Hundert. Wäre viel zu wenig. Nein soooooooo viel, bis ich nicht mehr weiterzählen kann.» Mir wurde warm vor Glück.

Heute frage ich nicht mehr so oft um ärztlichen Rat. Ich kann mir weitgehend selber helfen, indem ich auf meinen Körper höre.

Zusammenfassend kann ich sagen, dass die Klinik mir geholfen hat, meinen erschöpften Körper wieder aufzubauen, und mir viel Wissen mitgegeben hat. Die ADHS-Therapeutin brauchte ich, um die notwendigen Kenntnisse über meine Krankheit zu erhalten und zu lernen, damit umzugehen. Der Heiler hat zur Heilung meines Geistes und meiner Seele beigetragen.

> **Die Kinder und ihre Krankheiten sind für mich nicht mehr belastend, sie sind für mich eine Bereicherung.**

EPILOG

Das Glück kehrt zurück

Heute stehe ich auf dem Berg und sehe hinab auf meinen steinigen Weg, der sich nun endlich hinter mir befindet. Auch der Weg in die Zukunft ist steinig. Aber ich nehme ihn nicht mehr so wahr. Denn ich sehe die bunten Blumen auf den Wiesen, die strahlenden, spielenden Kinder, und ich höre Gelächter und lasse die Sonnenstrahlen auf meiner Haut tanzen. Ich atme sie tief ein, diese wunderbare Luft. Ich schliesse die Augen und bin unendlich glücklich.

Nur manchmal noch, viel seltener als früher, ertappe ich mich, wie sich Tränen in meine Augen schleichen. Und ich spüre kurz die Traurigkeit, die so lang in mir wohnte.

Jetzt bin ich frei.

Das Buch

Ein Buch zu veröffentlichen, war zwar schon immer eine Vision von mir. Sie sah zwar früher anders aus. Ich könnte viele Gründe aufzählen, warum ich meine Skripts nie veröffentlicht habe. Heute denke ich, die Botschaft ist massgebend. Und meine Botschaft ist durchlebt.

Ich will mit meinem Bericht helfen. Vielleicht leiden auch Sie unter ADHS und wussten es bis jetzt noch nicht. Oder vielleicht können Sie Menschen, die Sie kennen und die ein Burn-out haben, jetzt besser verstehen. Oder vielleicht konnte mein Bericht Sie dazu bewegen, die Notbremse zu ziehen, weil Sie sich direkt in ein Burn-out hineinbegeben.

Wenn ich damals ein Gespräch mit jemandem gehabt hätte, der mir die Augen öffnete, ich hätte wirklich sehr gern auf diese höllische Erfahrung verzichtet.

Meine Buchtipps

Lektüre, die mir weiterhalf. In Klammern schreibe ich, wobei mir das jeweilige Buch geholfen hat.

Alles psychisch?, von Ingrid Obricht (der Einfluss der Seele auf unsere Gesundheit)

Das Lol²a-Prinzip, von René Egli (Loslassen)

Den Gefühlen ausgeliefert, von Doris Ryffel (ADHS-Routine)

Die Chaos-Prinzessin, von Sari Solden (ADHS verstehen)

Lass mich, doch verlass mich nicht, von Cordula Neuhaus (Beziehungsprobleme)

Die goldenen Regeln des friedvollen Kriegers, von Dan Millman (Wut, Aggression, Ängste, Denken)

Burn-out – In den Krallen des Raubvogels, von Thomas Knapp (Burn-out)

Links zum Thema ADS/ADHS

Schweiz

www.elpos.ch
Dachverband der ELPOS-Vereine für Eltern von Kindern und Jugendlichen mit ADS/POS und Organisationen für Erwachsene mit ADS/ADHS

www.igads.ch
Interessengruppe Aufmerksamkeitsdefizit-Syndrom bei Erwachsenen

www.adhs.ch
Informationsseiten von Dipl.-Psych. Piero Rossi und Dr. med. Martin Winkler

Deutschland

www.bv-ah.de
Bundesverband Aufmerksamkeitsstörung/Hyperaktivität e. V.

www.osn.de/user/hunter/badd.htm
Bundesverband Aufmerksamkeitsstörung/Hyperaktivität

Österreich

www.adapt.at
Österreichische Arbeitsgruppe zur Förderung von Personen mit ADHS

Diese Angaben habe ich von der IG-ADS erhalten. Weitere Links können bei der IG-ADS direkt erbeten werden.

Gedicht von Rainer Maria Rilke

Der Panther

Sein Blick ist vom Vorübergehen der Stäbe
so müd geworden, dass er nichts mehr hält.
Ihm ist, als ob es tausend Stäbe gäbe
und hinter tausend Stäben keine Welt.

Der Gang geschmeidig starker Schritte,
der sich im allerkleinsten Kreise dreht,
ist wie ein Tanz von Kraft um eine Mitte,
in der betäubt ein starker Wille steht.

Nur manchmal schiebt der Vorhang der Pupille
sich lautlos auf –. Dann geht ein Bild hinein,
geht durch der Glieder angespannte Stille –
und hört im Herzen auf zu sein.

*Auch wenn mein Blick manchmal traurig ist,
schaue ich wieder mit Hoffnung in die Zukunft.*

Ich danke Charly Werder und Markus Zollinger,
die die Fotos für dieses Buch gemacht haben.

Mein Dank gilt auch Terry Rotherham,
die die Einleitung geschrieben hat.

Janine

Ich danke Janine für ihre Offenheit und Ehrlichkeit. Ich bin überzeugt, dass ihr Buch vielen Menschen helfen wird. Thomas Knapp, Verleger

Legen Sie dieses Buch nicht beiseite, wenn Sie es gelesen haben. Schenken Sie es einem lieben Menschen, der Ihnen nahe steht.